これからの病院経営を担う人材

医 療 経 営 士 テ キ ス ト

競争優位に導く
業務改善とイノベーション

患者視点に立った質中心経営と地域ブランディングの確立

中 級【専門講座】

矢作尚久 編著

7

日本医療企画

はじめに

　この四半世紀の日本の医療経営の実情を見渡すと、どのように改革が進んだのだろうか。大手コンサルティング企業の参入により医療施設の現場が改善され、医療の質が向上し患者の評判が上がったという声を聞かない。また、M＆Aも全国的に展開されているものの、病院の職員が生き生きと活躍の場を広げているという話も聞かない。そこに不足しているものは何だろうか。

　改めて、医療経営で重要なのは、患者の人生の物語を共有し、地域の1つのモデルとして社会を先導していくことを医療従事者一人ひとりが日常業務の中で意識し改善し続ける姿勢なのではないかと感じている。医療という高度な社会的責任を負う病院経営の使命はますます高まっており、それはそのまま、経営実務者への期待と、良い仕事を成し遂げる醍醐味につながっている。

　VUCA（Volatility、Uncertainty、Complexity、Ambiguity）時代におけるプロジェクトでは、俯瞰した能力に留まらず多様性を受け入れられる多面的なアプローチと、個々人の強い志と哲学を持って展開していく能力を要求される。既存の活動に留まり続ければ、経済活動はおろか、社会活動全般の存続自体が危うくなりかねない。医療は、地域における文化そのものであり、連続的に変化し続けるロジスティクス（モノと情報の流れ）が実現する社会的共有価値の創造、すなわち新しい社会的物語の創発そのものである。

　そうした価値創造の大前提には、Subjective「患者の訴え等主観的な情報」とObjective「診察や検査等の客観的医学情報」を組み合わせ、"一人ひとりの患者に寄り添った医療サービス"の視点に立った日々の現場医療行為がある。その上で、時々刻々と変化していく時流という社会のSubjectiveとObjectiveも同時に見極め、文化背景を丁寧に紐解き、限られた資源と制度設計の中で、医療経営を行うということを意味する。こうした今日の医療経営のテーマを紐解いていくためには、現場の改善活動は必須である。

　そこで、本テキスト『競争優位に導く業務改善とイノベーション──患者視点に立った質中心経営と地域ブランディングの確立』では、現場の方々が日常的に意識し当たり前のこととするべき視点を、物語として定着させる方法論を元に、具体的な業務を業務フローと意思決定フローに分け、システム、財務の面からまとめる内容とした。治療分野のポートフォリオを再構築することで、域内の連携を強固に進めることは極めて重要である。なぜなら少子高齢化・人口減少の時代に、地域の持続可能性が問われているからである。地域の持続性が伴わなければ自病院の繁栄もない。逆に、自病院と他病院や診療所、あるいは社会福祉法人などの関連する社会インフラが積極的に連携し、社会的ウェルビーイングが高い地域では、持続性が高まるだけでなく、域外の人々をも惹きつける地域ブランディ

ングを打ち出していくことができる。

　今日の日本における医療体制は、現場の一人ひとりの能力が高いことによる対応力と国民皆保険制度による盤石なインフラによって支えられ、やりくり上手が医療経営のキーワードだったかもしれない。結果として、長年の歴史的背景からヒエラルキー型組織が主流となり、仕事の仕方も画一的のままで来ることができたため、現場の効率化や合理化が進まなかったのだろう。専門性が高くなり、一人ひとりの生活スタイルを含めた多様な人材が集まるようになった。事実、本テキストの読者もその1人だろう。

　その中で最も重要なのは患者と向き合う一人ひとりの個性ともされる個別の能力を最大化し、適材適所での活躍へと導いていくことである。すなわち、「より良い医療の実現」のための組織的な共創（競争ではない）により、日々の個々人の改善活動の賜（たまもの）として、組織は競争優位性を保ち持続していくことができる。これこそが業務改革プロセスの第一歩となる「気づき」であり、臨床の現場では日常的に成されていることと確信している。

　一方で、個々人の「気づき」をどのように組織としてシステム化（ITではない）していくか、その評価を正しくしているかが、組織の今後の成長の評価指標になろう。その意味では、VBM（Value Based Medicine）とされる、患者の意思と現場の意思決定が合致し提供するサービスとその目的を明確にする道筋こそがこれからの医療の道標になり、それと連動した高度な人事評価システムこそが今後の医療経営の近代化につながるのだろう。

　改めて、現場の医療従事者の患者への思いやりが日本の医療の質を世界トップクラスに引き上げ続けていることに敬意を示し、同時に高度な医療経営人材がインフラとしての正しい病院経営を実践し続けていくことと、その人材の層が厚くなることを切に願うものである。

矢作　尚久

目 次
contents

はじめに ……………………………………………………………………………… ii

第 1 章 イノベーション

1 イノベーションとは新結合 ……………………………………………… 2

2 製品レベル・業務レベル・経営レベル・
社会レベルのイノベーション ………………………………… 7

3 ダイナミック・ケイパビリティと
オーディナリー・ケイパビリティ ……………………… 13

第 2 章 経 営

1 経営の目的 …………………………………………………………… 22

2 経営＝戦略×組織 ………………………………………………… 26

3 戦略①──全社ポートフォリオ戦略 ……………………… 29

4 戦略②──個別事業戦略 ……………………………………… 35

5 戦略③──ポジショニングとケイパビリティ ………… 39

6 組織を動かす①──タテの組織とヨコの組織 ………… 43

7 組織を動かす②──リーダーシップとフォロワーシップ … 49

8 組織を動かす③──現場のオペレーション ……………… 55

9 組織を動かす④──ロジックとセンス …………………… 61

10 組織を動かす⑤──組織の大きな物語 …………………… 65

第 3 章 財 務：オペレーションを維持し イノベーションを生み出す原資の捻出

1 減収増益モデル …………………………………………………………… 76

2 管理会計と財務会計 ……………………………………………………… 80

3 増収と増益の違い ………………………………………………………… 90

4 増収減益か減収増益か …………………………………………………… 94

5 病床のダウンサイジング ………………………………………………… 100

6 医療政策との整合性 ……………………………………………………… 105

第 4 章 医療システム：イノベーションを 生み出すストラクチャー

1 医療システムという考え方①——はじめに ………………………… 114

2 医療システムという考え方②——IT化とは ……………………… 118

3 医療システムという考え方③

——IT化（Digitization）と従来業務の改善 ……………………… 120

4 病院システムの運用と評価①

——病院情報システム（ITシステム）による生産性の向上 … 123

5 病院システムの運用と評価②

——生産性の向上による人的リソースの再配置 ……………… 125

6 病院システムの運用と評価③

——サービス内容の向上と定期的な見直し ……………………… 126

7 実例：会計業務と患者待ち時間①——業務手順の見直し … 127

8 実例：会計業務と患者待ち時間②

——正しいサービスの分類と生産性の定量評価 ……………… 128

9 実例：会計業務と患者待ち時間③
　　──新たな業務手順の策定と評価 ……………………………………… 131

10 実例：会計業務と患者待ち時間④
　　──ITシステムや第三者サービスを利用した全体解の適応… 132

第 **5** 章　業務プロセスの質マネジメント ：漸進的イノベーションの組織化

1 質に関する基本的考え方①──患者視点に立った質中心経営 ‥ 136

2 質に関する基本的考え方②
　　──患者を中心にした質の見方・とらえ方 ………………………… 142

3 マネジメントに関する基本的考え方①
　　──目的達成のためのすべての活動 ………………………………… 146

4 マネジメントに関する基本的考え方②
　　──マネジメントの秘訣 ………………………………………………… 150

5 マネジメントに関する基本的考え方③
　　──標準化によるベストプラクティスの共有 ………………… 154

6 マネジメントシステムモデル①
　　──経営における３つの管理 ………………………………………… 156

7 マネジメントシステムモデル②──日常管理 ………………… 157

8 マネジメントシステムモデル③──経営要素管理 ………… 159

9 マネジメントシステムモデル④──方針管理 ……………… 160

10 プロセスの計画と管理①──プロセスの概念 …………… 163

11 プロセスの計画と管理②──業務プロセス管理 ………… 166

12 プロセスの維持と改善①──プロセスの維持 …………… 171

13 プロセスの維持と改善②──プロセス、システムの改善 … 173

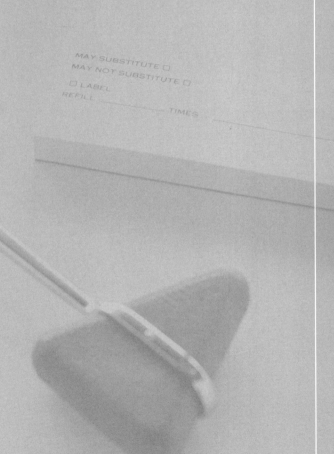

第1章

イノベーション

1 イノベーションとは新結合

2 製品レベル・業務レベル・経営レベル・社会レベルのイノベーション

3 ダイナミック・ケイパビリティとオーディナリー・ケイパビリティ

イノベーションとは新結合

1　企業家は創意工夫する

　イノベーションという概念を最初に提唱したのは、オーストリアの経済学者ヨーゼフ・シュンペーター（1883〜1950年）である。イギリスの経済学者ケインズ（ジョン・メイナード・ケインズ、1883〜1946年）と並び称される20世紀前半の代表的経済学者といわれる。ケインズは、公共投資など政府による有効需要創出によって乗数効果が発揮され、めぐりめぐって経済全般が発展するというマクロ経済学を提唱した。ケインズは経済を考えるにあたり、国家に着眼した。これに対してシュンペーターは、経済活動の一番ミクロな単位である企業家という個人に焦点を当てた。経済発展の源泉は、企業家の柔軟な発想と行動にあるとした。

　企業家は、目の前で展開する経済活動に注目する。自身がもつ経営資源が有効に活用されているかを観察する。生産が順調に拡大し、生産性が高まっていればよいが、そうでなければ状況を変えなければいけない。経営資源を生産拡大余地が大きく、生産性が高まる分野に移す必要がある。そのやり方はさまざまにあるが、シュンペーターが注目したのは、企業家が起こすイノベーションであった。

　イノベーションは、「技術革新」と訳されることが多いが、それに限らない。既存の技術基盤で新製品を開発することもイノベーションである。その前に、既存の製品をより上手に売るために新しい販路を開拓することもイノベーションといえる。そして、新製品開発や新販路開拓をより上手に行えるように組織そのものを改善していくことも、りっぱなイノベーションである。このように、目の前に経済活動の現実を見つめ、そこに変化を起こそうとする企業家の一連の創意工夫が、生産・販売といった経済活動の発展に寄与するとき、それらはいずれもイノベーションの名に値する。

2　企業家は新結合という突破口を見つける

　では、シュンペーターはそうした企業家の発想や活動がどうやって成果を発揮すると考えたのだろうか。彼はイノベーションとは「新結合」だと喝破した。資本、労働、土地などの生産要素の結合の仕方を変えれば、既存の経済活動の生産性を上げる可能性があるばか

りか、場合によっては、まったく新しい生産方法を生み出せる可能性すらある。ここにイノベーションというものの本質がある。シュンペーターは、新結合が起きえる領域として、「新しい製品」「新しい生産方法」「新市場開拓」「材料／半製品の新たな供給源」「新しい組織の構築」の5種類を示した。

　既存の結合を自明のものとし、他の可能性を求めなければ、安定したオペレーションはできるかもしれない。しかし、経済活動をするための諸条件は常に流動している。ただ同じことを繰り返すことや単純な量的拡大だけでは発展を望めない。まして今日は、VUCA（Volatility［変動性］、Uncertainty［不確実性］、Complexity［複雑性］、Ambiguity［曖昧性］）の時代と称される。既存の結合に留まり続ければ、経済活動はおろか、社会活動全般の存続自体が危うくなりかねない。

　シュンペーターの時代には、経済活動は主として資本、労働、土地という基本生産要素を考慮していればよかったが、今日の経済活動は、はるかに高度化し高速化している。何が生産要素となりえるのかに限定をつけないこと自体が、イノベーティブな発想を生む。資本（カネ）、労働（ヒト）、土地（モノ）という古典的な経営資源は、姿かたちをどんどん変えている。カネ・ヒト・モノに、テクノロジー、インフォメーション、ネットワークといった新種の経営資源を加える必要がある。さらにいえば、ナレッジ（知識）やナラティブ（物語）が貴重な経営資源になるのが今日の経済活動の現実である。これらが21世紀の生産要素といえる。

　新結合がなぜイノベーションなのか、そのことを理論的に理解するとともに、直感できるようにしたい。

3 既知と既知を結合すると未知が生まれる

　鉛筆は書くための道具である。鉛筆の効用は、紙に書いたあと、消しゴムで消せるところにある。2つの道具を組み合わせることで、鉛筆書きという効用が最大化する。しかし消しゴムが見つからないことがある。そうであれば、鉛筆の反対側に消しゴムをつければよい。鉛筆は「既知」のものであり、消しゴムも「既知」だ。ところがこの「既知」と「既知」を結合すると、消しゴム付き鉛筆という「未知」の新価値が生まれる。

　NTTドコモは、会話する通信端末である携帯電話に、iモードというネットワーク情報処理機能を追加したイノベーションであった。それは消しゴム付き鉛筆の携帯電話版ともいえる。iモードは当時、最先端の情報通信機能といわれた。NTTドコモにグローバル展開の野望があれば、世界を席巻した可能性もある。携帯電話にインターネット機能が結合されたiモードは、それぐらいイノベーティブな製品であったと思う。

　ところが、その後に登場したアップルの携帯電話のイノベーションは、もっと徹底していた。従来の携帯電話の形や機能（電話するためのプッシュボタン）を一掃し、キーボード

すらない小さなPCを、手のひらに乗る小さなテレビを、好きな音楽をカセットもCDもなく無限に楽しめる21世紀のウォークマンを融合し、そしてもちろん電話もできる製品を創った。

　携帯端末のサイズいっぱいのスクリーンになれば、たくさんの情報のやりとりができるし、タッチスクリーンの技術を応用すれば、携帯端末に余計な操作ボタンはいらない。iPhoneという美しくデザインされた新種のガジェットは、優美で直感的な操作性と、見続けたくなる画面と、圧倒的なアプリケーションの自由度によって、まったく新しいユーザ体験をもたらし、瞬く間に世界中に広まった。

　消しゴム付き鉛筆はあくまで鉛筆であり、筆記具の1つに過ぎない。シャープペンシルに3色ボールペンを組み込んだ製品もあるが、これも筆記具という範疇に止まる。アップルのイノベーションの凄みは、消しゴム付き鉛筆に紙のノートが一体化され、さらに何冊もの本が詰め込まれたような摩訶不思議な製品を生み出したことである。そんな鉛筆は想像もできないが、スティーブ・ジョブズがiPhoneを世に出すまでは、世界中の誰も、スマートフォンが当たり前の世界など想像もできなかった。

　しかし、iPhoneにアップルが発明したまったく新しいテクノロジーはない。すべて「既知」の技術基盤を複数組み合わせている。既知×既知＝未知という「新結合」の方程式を見事に実現した例といえる。

　私たちがイノベーション＝新結合ということを理解し、新結合は新発明ではなく、既知のもののクリエイティブな組み合わせによって生まれる未知の価値なのだと洞察することは、医療経営を含むすべての経済活動や社会活動にとって、希望となる。私たちは、既存のオペレーションがうまくいかないとき、悩みながらも、同じことを続けてしまいがちだ。そのときちょっと立ち止まり、自明の世界の檻から一歩外に出れば、新しい可能性、新結合の可能性を発想できる。その小さな創意工夫を試みるか否かで、のちの経営が大きく変わるだろう。

4　「0⇒1」のイノベーション

　既知と既知の新結合が生む未知とは、「新しい価値」である。イノベーションが称揚されるのは、「新しい価値」の創造が、経済社会を豊かにし、個人のウェルビーイングを高めるからである。

　新結合が最も斬新で新結合の価値創造に独自性が高いものが、「0⇒1」のイノベーションである。無から有を生むような、今まで誰も気づかなかった新種の価値創造という意味である。ニュアンスとしては発明にやや近いが、既知と既知の結合に意外性があり、想像外の新価値を生み出すという意味では、最も斬新性の高いイノベーションと考えられる。

　仮に車輪が発明物だとして、車輪2つを車軸でつなぎ、その上に籠を乗せた荷車は、「0

⇒1」のイノベーションといえる。ソニーのウォークマンや、トヨタのハイブリッド車、初代プリウスなどは、きわめて斬新な新結合の事例であり、「0⇒1」の名に値する。

　アメリカの実業家で経営学者であるクレイトン・クリステンセン（1952〜2020年）が『イノベーションのディレンマ』で提示した破壊的イノベーションとは、基本的に「0⇒1」の斬新さがもつ破壊力に着眼したものといえる。破壊的イノベーションを起こす新商品や新技術は、最初は市場規模も小さく利益率も低い。そのため、従来商品を提供する大企業は、「0⇒1」に乗り換える合理性を見出せない。しかし新市場はやがて爆発的成長の時期を迎える。その頃に既存大企業が慌てて参入しても、既に手遅れとなる。これが「イノベーションのディレンマ」である。両利きの経営理論を提示する、アメリカの組織経営学者チャールズ・オライリーと組織行動の専門家マイケル・タッシュマンは、「成功の罠」と呼ぶ。

　イノベーションのディレンマ／成功の罠を回避するためには、常に斬新な視座・視点で新結合の可能性に目配せをするとともに、既存事業と新規事業の組織（文化、機構）を適切に分けて管理することが肝要である。そのことで、既存事業の深化exploitationと新規事業の探索explorationを同時に進められる。これが両利きの経営のコアコンセプトである。

5　「1⇒n」のイノベーション

　「0⇒1」の斬新さは確かに破壊力があるが、いっぽうで商品としては未完の部分が多い。未だプロトタイプに毛の生えたような状態の商品を磨き込み、アップデートしていく必要がある。これが「1⇒n」であり、漸進的イノベーションとも呼ばれる。ウォークマンでもプリウスでも、世の中に受け入れられ続け、市場拡大するためには、絶えざる品質の改良、機能の改善や追加などを続ける必要がある。あまたの追随企業が現れ、競争が激化する段階でもある。「0⇒1」の元祖は、「1⇒n」でも常に先頭を走り、ナンバーワンブランドであり続けることが大事である。

　「0⇒1」が大胆で斬新な探索（思いもよらない新結合）から生まれるとしたら、「1⇒n」はより繊細で緻密な探索（予測可能な新結合）と品質やコストの改善を織り込んだ深化（差別化とコストリーダーシップの確立）によってなされることが多い。

6　「n⇒美」のイノベーション

　後述するプロダクトライフサイクル（p.31〜32参照）により、どれほど斬新で新価値に満ちた商品も、コモディティ（汎用品）化していくことは避けられない。商品によっては、次の「0⇒1」によって駆逐されてしまう。銀塩フィルムは、デジタル化により事実上需要が蒸発した。デジタル化の破壊的イノベーションに乗り遅れたコダックは倒産し、デジタル化を含む全社戦略のリデザインを果敢に実行した富士フィルムはさらなる成長を遂げた。

　ここまで劇的でないケースとしてコモディティ化する素材(鉄鋼、半導体、ガラスなど)や白物家電があげられる。たとえばトースターは、あまたの姿かたちをし、さまざまな機能がメニュー化され、差別化をめざすが、多くの消費者の基本ニーズは、安価でそこそこの性能と耐久性があればよしとするレベルに落ち着く。

　これに対して、知識創造理論の泰斗である野中郁次郎は、バルミューダのトースターを反証として提示する。「小さなカップで『水やり』をする、小窓から中を覗き込む、焼きあがったことを知らせる柔らかい合図の音を聞く、蓋を開けたときに立ち上がる美味しそうなパンの匂いを嗅ぐ」という体験には「人間の五感のすべてが含まれている」と指摘する。そして「このような体と心に触れる革新的なアイデアは、無から生まれるわけではない。人間の経験という原料から『製造』されるものである」と主張する(野中、竹内 2020)。

　こうした事例は、「0⇒1」の機能革新とは異質である。人間に内在する美意識などの無形の価値観、嗜好性、感覚に訴えるものといえる。こうした「n⇒美」も立派なイノベーションである。先端医療という「機能」を提供する病院においても、患者や地域社会のウェルビーイングに貢献するという意味で、常に「n⇒美」の側面がある。このことに意識的に取り組むと、病院経営もまた、投資をほとんど伴わないで、高付加価値・高利益率の事業に転換できる可能性がある。

❷ 製品レベル・業務レベル・経営レベル・社会レベルのイノベーション

1 技術革新はイノベーションを起こす一要素に過ぎない

「0⇒1」をもたらす真に革新的な「新結合」は、旧来の結合を陳腐化する。iPhoneの登場により、スマートフォンというカテゴリーが確立し、それ以前の携帯端末を事実上駆逐してしまった。こうした天地をひっくりかえすようなイノベーションの力を、シュンペーターは「創造的破壊」と呼んだ。

馬に車輪のついた籠を結合して馬車にすれば、ひとりで馬に乗るより便利に快適に人と物が長距離を移動できる。蒸気機関という発明に車輪と線路を結合し、馬車の代わりに客車や貨車をつなげば、馬車の比ではないスピードで大量の人や物をはるかに遠距離まで休みなく移動させられる。すると馬車は公共交通から事実上駆逐される。その鉄道も、自動車と国中を結ぶ高速道路との結合によって、北米では主要な公共交通の座を譲った。さらにIT技術とネットワーク機能の高度化が進み、仕事や生活のリモート化が進むと、陸海空のすべての移動手段の価値の見直しが起きる。

これらはすべて、創造的破壊の一連のプロセスといえる。斬新な新結合による創造的破壊こそが、イノベーションの真骨頂である。今日、ディスラプティブ・イノベーション（破壊的革新）が盛んにいわれるのは、iPhoneのようなイノベーションによる創造的破壊の凄まじさをそこかしこで実感するようになっているからでもある。GAFAに代表されるIT系グローバル企業はみな、デジタル技術とネットワーク機能を最大限に活用していることもあり、イノベーションとはDX（デジタルトランスフォーメーション）とネットワークの高度化と同義と見られる傾向がある。しかし既に述べたように、イノベーション＝技術革新ではない。DXもネットワークも、イノベーションを起こす要素の1つに過ぎない。

2 イノベーションは世の中のあらゆるレベルで創造的破壊をもたらす

私たちは、政府や地方行政を含む日本全体のDXの遅れや、GAFAのような圧倒的なグローバル成長力をもつ企業が生まれないことをもって、日本はイノベーションで遅れているという認識をもちがちだ。DXの遅れやGAFA的企業の不在は事実である。しかし、経営学の父、あるいはマネジメントの権威として称されるピーター・ドラッカー（1909〜

2005年）は、経営におけるイノベーション論の古典である『イノベーションと企業家精神』（ダイヤモンド社）で次のように述べている。

> 「（日本は）1970年代と80年代における経済大国化、世界市場における最強の輸出者としての台頭にもかかわらず、欧米の評価は常に低かった。
>
> その主たる理由、おそらく唯一の理由は、イノベーションとはモノに関するものであり、科学や技術に関するものであるという一般の通念にあった。実際、日本は、（欧米だけでなく日本においても）イノベーションを行う国ではなく模倣する国と見られてきた。これは、科学や技術の分野で日本が際立ったイノベーションを行っていないためだった。しかし、日本の成功は社会的イノベーションによるものだった。（中略）
>
> 日本にとっては社会的イノベーションのほうが蒸気機関車や電報よりはるかに重要だった。しかも、学校、大学、行政、銀行、労組のような公的機関の発展、すなわち社会的イノベーションのほうが、蒸気機関車や電報の発明よりもはるかに難しかった。（中略）
>
> 技術は安いコストでしかも文化的リスクを冒すことなく導入できる。しかし公的機関が発展していくためには、文化的な根をもたなければならない。日本はおよそ100年前、その資源を社会的イノベーションに集中することとし、技術的イノベーションは模倣し、輸入し、応用するという決断を下した。そして見事に成功した。
>
> この日本の方針は今日も正しい。なぜならば、時に冷やかしの種とされている創造的模倣なるものこそ、きわめて成功の確率の高い立派な企業家戦略だからである。」（ドラッカー2015, pp.9-10)

この引用の原典は1985年に出版されているので、以降の日本の経済社会の変化は織り込まれていない。その後、日本は科学や技術の分野でも、イノベーションがより生まれるようになっている。しかし入れ替わるように、社会的イノベーションは、かつてのダイナミクスを喪失しているように見える。本来の日本的イノベーション力をどう復活させ、アップデートしていくかは、病院という公的機関の経営の在り方にも大きな示唆を与える。

3　製品レベルのイノベーションはわかりやすい

イノベーションには何を対象にするかによって、視点・視座（レベル）の違いがある。

第1に、製品レベルのイノベーションがある。消しゴム付き鉛筆やiPhoneのように、モノの話は手触り感があり、わかりやすい。そして製品レベルのイノベーションはテクノロジー主導となるケースが多い。ここから、イノベーション＝技術革新（テクノロジー主導の変化）という一般的な認識が生まれる傾向があるともいえる。病院経営においても、

たとえば最新の検査機器を入れるかどうかは、製品レベルのイノベーション判断となる。そうした高価な機器以外にも、病院経営の現場で使用されているモノはたくさんある。シフト管理シートや、申し送り事項のメモ用紙、診察券の発行と管理の方法などは、どのように工夫しているだろうか。そこにイノベーションの余地はないか。常に目を光らせている必要がある。

4　業務レベルのイノベーションはヒトが中心で進む

第2が業務プロセスのイノベーションである。ここはヒトが主導する領域である。小集団活動やQC活動、現場からの改善は、組織能力を着実に高めていく。業務レベルのイノベーションは、システム化、デジタル化など、機械や仕組みの導入によって省力化や生産性の向上を期待できるが、気をつけなければいけないのは、あくまでヒトが主体・主軸にあるということだ。現場で実際に一人ひとりの人間がしていることとその背景を冷静に分析し洞察できないと、絵に描いた餅になりかねない。何より人間の動機を理解し創意工夫の力を引き出すことが大事だ。また第1の製品レベルのイノベーションが成果を発揮するためには、第2の業務プロセスのイノベーションとセットで検討することが基本となる。

医療現場でも、最もバランス良く活動している人たちは、特殊解の連続である患者ごとの対応の中で、「0⇒1」の閃きに基づくイノベーションを実装している。これは後述する「WHYから始めよ！」がもたらす価値創造の本質といえる。現場で起きるこうした価値創造を丁寧に拾い上げ、応用可能な一般解に展開する方法を探索することも、経営実務者の大切な仕事である。

5　経営レベルのイノベーションは競争優位の要となる

第3が経営レベルのイノベーションである。ここでは、全社ポートフォリオ戦略と個別事業の競争戦略の巧拙がイノベーションの成否を分ける。戦略は通常イノベーションの文脈では語られないが、戦略とはシュンペーターが提示した「新結合」そのものともいえる。この結合の妙によって「違い」が生まれ、競争優位が確立する。その競争優位性を持続的利益と繁栄につなげるためには、戦略を機能させるビジネスモデル（儲け方の仕組み）が必要だ。

病院経営でいえば、どの診療科をもつか、ベッド数はどうするかは、戦略的発想で取り組むべきテーマである。新入院患者数と入院日数によって、有床率と回転率は変化するが、そうした指標を第2の業務レベルだけに止めず、病院の経営レベルで判断することが大事である。

また、病院経営特有の制約条件の中でも、実は自由に操作できるキードライバーは存在

する。銀行、郵便局、携帯電話ショップなどと同じく、病院は一般に顧客（患者）を一か所に滞留させ、待たせることを前提としている。その結果、顧客満足度と作業効率の両面でネガティブな影響が出る。しかし病院オペレーションの当たり前を疑い、たとえば、事前問診、診察、処方箋発行、薬剤受け取り、決済の動線と業務プロセスを「0⇒1」で見直し新結合をデザインすれば、顧客満足度と作業効率と利益創出力のすべてを高められる可能性もある。

6　社会レベルのイノベーションは異分野間の協働を促す

　第4が社会レベルのイノベーションとなる。法制度や行政の在り方、社会的規範と関わる。また、エコシステム（複数の企業や専門家等が相互に連携し、製品やサービスの価値を高め収益を維持するため環境）の維持や再構築が必須となる。ドラッカーの言葉にあるように、日本は明治維新以後、社会的イノベーションで成功してきた。病院は社会の最も基礎的な公的機関の1つであり、最も複雑なエコシステムを形成している。ここを読み解き、再構築していくことは、今後の病院経営の維持・発展の鍵を握る。日本は総合病院化する傾向が強いが、地域コミュニティの中で特定分野が圧倒的に強いエッジの効いた病院となれれば、規模を追わなくても収益力を高められる可能性がある。そして別のエッジをもった病院と、社会的連携を行い、地域コミュニティの医療環境を維持強化できれば、病院経営の社会的イノベーションになりえる。

　イノベーションといえば、技術革新のニュアンスが強くとらえられるが、技術革新が人々のウェルビーイングに真に資するものとなるためには、社会革新としてのイノベーションが技術革新を包摂する必要がある。病院経営は、医療という高度な社会インフラを担っており、社会革新（社会的イノベーション）の視点がとりわけ重要となる。

7　トヨタはどのように4つレベルのイノベーションを推進しているか

　では、製品レベル・業務レベル・経営レベル・社会レベルという4つのイノベーションの関係は、どうなっているのか、そしてどうあるべきなのか。トヨタを例にするとわかりやすいかもしれない。

　トヨタは1997（平成9）年に「21世紀に間に合いました」のキャッチコピーで初代プリウスを発売した。従来の純ガソリン車の2倍の燃費効率を目指し開発されたハイブリッドシステムはこの難題を見事に実現した。しかし、急に思いついてのことではない。1975（昭和50）年の東京モーターショーでハイブリッドのコンセプトモデルを発表している。そして21世紀が近づいた90年代になると、「中長期的にクルマの在り方を考えよう」という経営トップの価値判断を受け、地球の資源問題と環境対応に貢献する飛躍的性能のクルマの

開発に着手。「従来の同クラス車に比べて燃費は100％向上、CO_2は2分の1、CO・HC・NOxは現行規制値の10分の1」という画期的な製品を実現した。製品レベルのイノベーションの金字塔といえる。

　初代プリウスは当時215万円という破格の値段で発売された。戦略商品と位置づけられて普及を優先したが、当時は売れば売るほど赤字が増えるといわれた。しかし、トヨタの真骨頂といえば業務レベルのイノベーションにある。かんばん方式（ジャストインタイム、JIT）の生産方式はあまりに有名だ。JITはトヨタのコンサルタントたちによって社外にも広められ、自動車産業のみならず、多くの製造業に大幅な進化をもたらした。ハイブリッドシステムは地道な改良が加えられ、車種もプリウス以外に次々と展開。初代プリウスの時代と比較して今やハイブリッドシステムは4分の1のコストになり、十分に利益の上がる商品となっている。品質・耐久性も高く、高価なリチウムイオン電池を交換することなく15年、20万キロぐらいは普通に使えるといわれる[1]。

　経営レベルでのイノベーションはどうであろうか。2015年SDGs国連採択以降、地球環境課題への自動車産業の取り組みはEV化を中心に加速している。トヨタはここでも、2つの大きな取り組みを行っている。1つはハイブリッドの戦略性を高めるために、高度なノウハウ・知的財産である特許を無償公開している。さらに有償だがハイブリッドシステムを取り付けた自動車開発のノウハウも開示し、ハイブリッド型電動車の普及促進を図っている。地球環境に対応するうえで、ハイブリッドの仲間を増やすことは戦略的合理性があるだけでなく、社会的に必要だという判断がある[2]。もう1つは水素への投資である。トヨタはミライという燃料電池車（水素と酸素を化学反応させて発電し走行する車、FCV）を発売している。同時に水素を内燃機関（エンジン）の燃料とする水素エンジン車も開発している。

　これらの経営レベルのイノベーションは、そのまま、社会レベルのイノベーションの取り組みにつながる。ハイブリッドはガソリンスタンドがあれば使用継続できるが、EVは電気スタンドが必要であり、FCVは水素スタンドが必要となる。つまり自動車メーカーの枠組みを超え、社会システムが電気または水素を主体としたものに変化していく必要がある。そうした21世紀の新しいエコシステムづくりに、トヨタは積極的に関わる意思を示している。さらに革新的なのは、TOYOTA Woven Cityプロジェクトだ（図1-1）。自動車だけでないモビリティの総合的な姿を構想するために、静岡県裾野市で東京ドーム約15個分の土地に2,000人が入居する都市をつくり社会実験をしていく[3]。

　トヨタの事例は壮大過ぎており、かつ特定の産業の特殊例と感じられるかもしれない。

---

1 参考：https://www.webcg.net/articles/-/43369?page=3
　　　　https://bestcarweb.jp/news/212254
　　　　https://president.jp/articles/-/3866?page=1
2 参考：https://www.itmedia.co.jp/business/articles/1904/15/news014.html
3 参考：https://global.toyota/jp/newsroom/corporate/31170943.html

https://global.toyota/jp/newsroom/corporate/31170943.html
図1-1　**TOYOTA Woven City**

　しかし、ここからの学びを抽象化すれば、今日の病院経営に示唆するところは大きい。医療経営士として、医療・病院という固定された枠組みを超える発想が、これからは大事になる。それが次に述べるダイナミック・ケイパビリティという視点である。

③ ダイナミック・ケイパビリティと オーディナリー・ケイパビリティ

1 イノベーションはダイナミックな変化を起こす

　ここまで見てきたように、イノベーションとは既知の要素と別の既知の要素を組み合わせることで未知の価値が生まれるという「新結合」のことであり、製品・業務・経営・社会の4つのレベルが絡み合いながら展開するものである。

　シュンペーターは、経済活動の理論化の方法として、企業家という個人の行動に着目し、企業家が仕掛けるイノベーションこそが、経済発展の原動力になると喝破した。古典経済学では、経済人という「自己の経済的利益を極大化することを唯一の行動基準として経済合理的に行動する人間の類型」[4]を想定した。産業革命後の工場労働者は、資本家・経営者によってコントロールされる存在であり、鋳型にはめ、標準的な作業を一定時間の中で着実にこなすことを期待された。ロボットのように反復作業することが、最も経済合理的と見なされたからだ。これに対してシュンペーターが想定した企業家という人間類型は、もっと人間臭く、ときに非合理的な飛躍や逸脱もいとわない。試行錯誤と創意工夫をするダイナミックな人間像を想定した。

　あらためてイノベーションとは何かを考えると、「変化を起こす力」ととらえることができる。これに対して、古典経済学が想定する経済人は、決められた作業を続ける労働者や品質の安定した機械、換言すれば「不安定な変化を起こさない力」の存在を暗黙の前提とする。これは変化に2種類あることに起因する。状態stateの変化と、段階stageの変化だ。

2 合理的経済人は「状態の変化を抑制する能力」によって「成功の罠」に陥る

　このことを理論化したのが、アメリカの経済学者デイヴィッド・ティースである。ティースはオペレーションを安定させる通常能力、古典経済学が想定した合理的な経済人の行動様式を「オーディナリー・ケイパビリティ」と呼び、それに対して、変化を起こす力である「ダイナミック・ケイパビリティ」の重要性を提示した。シュンペーターが着目した企業家が起こすイノベーションは、具体的にはどう起きるのか、ティースはより具体的に示す。

---

4 日本大百科全書「経済人」

　ティースも経済学者なので、経済理論の枠組みの中で発想する。オーディナリー・ケイパビリティとは、経済人が合理的な行動をすることで、利益極大化をめざす能力といえる。製造業のラインでいえば、労働者や機械の状態のランダムな変化（生産性や品質のバラつき）を抑制し安定したオペレーションを実現する能力である。ただし、他の経済人も同様な合理的行動をとる。すなわち利益を上げる企業の業界に参入し、そのやり方を模倣し、同じように利益を上げようとする。その結果、産業は飽和状態になる。より経済学的表現をすれば、完全競争均衡状態となる。経営資源はその産業の中で最も効率的に配分されているが、すべての企業の利益はゼロとなっている。

　合理的経済人のオーディナリー・ケイパビリティは、状態stateをできるだけ一定にしようとする。安定した状況を維持すれば、物事を効率的に進められる。そういった環境では、特定の技能・知識・経験を獲得し習熟すれば、適応力がどんどん高まり、利益の増大につながる。そのことでルールやルーティンの洗練化と精緻化が進み、利益は極大化していく。しかし、ルール化しルーティン化したものは模倣されやすい。結果、極大化をめざしていた利益は逆に漸減していく。さらにやっかいな問題は、洗練化され精緻化されたルールやルーティンは変革を嫌う。変わることのコストがあまりに大きいために、現状を維持したほうが合理的だと判断するからだ。これが、合理的経済人が合理性を維持するがゆえに、不条理な現実に直面してしまう「成功の罠」である。

3　企業人は「段階の変化を促進する能力」でパラダイム・シフトを起こす

　これを打破するのが、合理的経済人の限界を超える企業家である。ティースは、ダイナミック・ケイパビリティを「変化する環境に適応するために、既存の固有の資源自体を再構成、再配置、そして再利用し、付加価値を最大化しようとするより高次の変化対応的な自己変革能力」と定義する。シュンペーターの「新結合」をより精密に定義したものであることがわかる。ここでは、段階stageを積極的に変化させようとする。たとえていえば、「いもむし」から「さなぎ」へ、そして「さなぎ」から「ちょう」へと段階を上がっていく変化である。生物学では変態と呼ばれる変化であり、より一般的には変容transformationとも呼ばれる「後戻りしない変化」である。

　実際、ティースはダイナミック・ケイパビリティが起きるプロセスを、「感じるSense⇒捕まえるSeize⇒変容するTransform」と表現している。「いもむし」は、ただ目の前の葉っぱを貪り食っているようにしか見えないが、触覚等でしっかりと「感じる」。そして、しかるべきタイミングとしかるべき場所を「捕まえる」。そこで「さなぎ」に変わり、一転して動かなくなる。最後は「ちょう」に「変容」し、地上の生活に別れを告げ、空に飛び立っていく。

　「感じるSense⇒捕まえるSeize⇒変容するTransform」は、パラダイム・シフトを生む。

パラダイムとは、経済社会を成り立たせる機構・仕組みや、文化・行動様式であり、その背後にある考え方・価値観である。ある種のイノベーションは、経済社会を成り立たせている既存のパラダイムを急速に陳腐化する。破壊力のあるイノベーションにより、混沌とした世界が生まれる。だが混沌は未来を懐胎する。そこから新しいパラダイムが創発されていく。これがパラダイム・シフトである。

　地上を這うことしか知らない生物にとって、空中を飛翔するようになることは衝撃的な変化である。企業組織も同じである。オーディナリー・ケイパビリティを究めている合理的経済人にとっては、理解を超える変化といえる。それゆえに、ダイナミック・ケイパビリティはビジネスモデルやオペレーションの仕組みが確立した既存事業では軽視され敬遠される。しかし未知に挑み、新世界を創造するためには、なくてはならない能力である。新規事業の探索とは、新結合の試みに他ならない。そのダイナミクスは、時に「いもむし」が「ちょう」になるような大変化を生む。その本質は、シュンペーターが述べたイノベーションの本質、新結合がもたらす創造的破壊である。

4　「段階の変化を促進する能力」と「状態の変化を抑制する能力」を組み合わせる

　こうして見ていくと、VUCAの時代には特に、合理的経済人の得意技であるオーディナリー・ケイパビリティは分が悪いように見える。狭い合理性という「成功の罠」につかまり、じり貧になり消滅に向かうのでなく、「感じるSense⇒捕まえるSeize⇒変容するTransform」というダイナミック・ケイパビリティを身に付け、地上から空に飛び立つ勇気と知恵をもとう。そう論じるのはたやすい。しかし、話はそれほど単純ではない。

　確かにダイナミック・ケイパビリティはイノベーションを起こす能力であり、組織が身に付けるべき必須の武器といえる。だが、「ちょう」となって旅立てばそれで終わりではない。「ちょう」は、雌雄が交尾し、産卵するために葉っぱに戻ってくる。そして「たまご」から孵った「いもむし」は、再び葉っぱを貪り食う。このたとえは、ダイナミック・ケイパビリティは、オーディナリー・ケイパビリティを否定するものではなく、むしろ、一対の関係として相互に補完し合う組織能力であるという示唆を与えてくれる。実際、トヨタの事例を見ても、プリウスの成功をダイナミック・ケイパビリティだけで説明することは難しい。新結合によって生まれた革新的なテクノロジーをリーズナブルな価格で提供し、「15年、20万キロぐらいは普通に使える」品質を確立するのは生半可なことではない。卓越したオーディナリー・ケイパビリティがあってのことといえる。

　ハイブリッドカーが登場してから四半世紀近く経ち、いまや欧米を含む多くの自動車メーカーがハイブリッドモデルを揃える時代になっても、トヨタの製品と販売量のアドバンテージは圧倒的といわれる。それはトヨタに「卓越したオペレーションoperational excellence」とも呼ぶべき優れたオーディナリー・ケイパビリティがあるからだ。

ティースは、オーディナリー・ケイパビリティについては明確なプロセスを示していないが、ダイナミック・ケイパビリティの「感じるSense⇒捕まえるSeize⇒変容するTransform」の対概念として、「考える(論理)Logic⇒調べる(証拠／データ)Evidence⇒再現する(再現性)Reproducibility」と表現できる。ダイナミック・ケイパビリティにおける「変容」で具体化するものは、プロトタイプ(試作品)に過ぎない。いわばダイヤモンドの原石を発見した段階であり、これを磨き宝石として売れるようにするのが、オーディナリー・ケイパビリティである。

　「段階の変化を促進する能力」であるダイナミック・ケイパビリティは破壊力のある創造性である。そのダイナミズムを「状態の変化を抑制する能力」であるオーディナリー・ケイパビリティを組み合わせることで、持続的繁栄を構築できる。進化力と安定力の両輪をつなぎバランスさせるのが経営である。

参考文献リスト

一橋大学イノベーション研究センター『イノベーション・マネジメント入門』(日本経済新聞 2001)

P.F. ドラッカー『イノベーションと企業家精神【エッセンシャル版】』(ダイヤモンド社 2015)

楠木建著『ストーリーとしての競争戦略』(東洋経済新報社 2010)

三谷宏治著『経営戦略全史』(ディスカバー・トゥエンティワン 2013)

山田英夫著『競争しない競争戦略—消耗戦から脱する３つの選択』(日本経済新聞出版社 2015)

野中郁次郎、他『ワイズカンパニー：知識創造から知識実践への新しいモデル』(東洋経済新報社 2020)

マイケル・タッシュマン、他『競争優位のイノベーション—組織変革と再生への実践ガイド』(ダイヤモンド社 1997)

ジム・コリンズ著『ビジョナリー・カンパニー ２ - 飛躍の法則』(日経BP社 2001)

ピーター M センゲ著『学習する組織 ― システム思考で未来を創造する』(英治出版 2011)

梅本龍夫著『日本スターバックス物語──はじめて明かされる個性派集団の挑戦』(早川書房 2015)

植草徹也、他『BCG流病院経営戦略』(エルゼビア・ジャパン 2012)

ロバート・ケリー著『指導力革命—リーダーシップからフォロワーシップへ』(プレジデント社 1993)

ジェローム・ブルーナー『可能世界の心理』(みすず書房 1998)

加藤雅則、他『両利きの組織をつくる—大企業病を打破する「攻めと守りの経営」』(英治出版 2020)

小野善生「フォロワーシップの展開」関西大学商学論集 第58巻第１号(2013年６月)

Stanford Business School Case『AGC INC. IN 2019: "YOUR DREAMS, OUR CHALLENGE"』https://www.agc.com/news/detail/1200566_2148.html

TED動画「社会運動はどうやって起こすか」https://www.ted.com/talks/derek_sivers_how_to_start_a_movement?language=ja

問題 1　イノベーションを起こすうえで重視すべきものはどれか、1つ選べ。

〔選択肢〕

①最先端のテクノロジーを積極的に活用する。

②オーディナリー・ケイパビリティを棄却し、ダイナミック・ケイパビリティを身に付ける。

③既知のものと別の既知のものを組み合わせて未知の価値を創造する。

④0⇒1に集中する。

⑤自組織内にイノベーションを起こせるリソース(ヒト、モノ、カネ、技術、知財などの情報)を取り込む。

解答
1

③

解説
1

イノベーションとは新結合のことである。特定の領域で役立つものは、別の領域で役立つものとは関係がないと見なされる。しかし、一見関係ない２つのものを組み合わせると、思いもよらなかった新しい機能や用途などの付加価値を創出できる。これがイノベーションである。

①新しいテクノロジー(新技術)はイノベーションを起こす重要な要素にはなるが、必須のものではない。製品レベルでも、枯れた技術の意外な組み合わせのイノベーションはいくらでもある。業務プロセス、経営レベル、社会レベルのイノベーションでも、テクノロジーに依存しない価値創出の可能性はたくさん存在する。

②イノベーションのきっかけ(種)をつかむためにはダイナミック・ケイパビリティが必要であるが、イノベーションの種を真に価値あるものに転換するためには、オーディナリー・ケイパビリティとの連携が必要である。

④イノベーションと似た概念に発明(インベンション)と発見(ディスカバリー)がある。無から有を生み出す$0 \Rightarrow 1$のイノベーションは、発明や発見に近い。しかし単なる発明・発見と違い、イノベーションは実際に役立ち、人々に物質的・心理的充足をもたらすものであり、社会的価値を創出するものである。そういう意味で、イノベーションは、$0 \Rightarrow 1$の領域にとどまらず、$1 \Rightarrow n$でも価値創造をし、さらに量的価値創造では成熟したと思われる領域でも、$n \Rightarrow 美$という質的価値創造を成し遂げる。

⑤イノベーションは新結合であり、既知の領域から未知の領域に越境することが大事である。自組織内に不足しているリソースを補充することが必要な場合はあるが、必須ではない。自組織と違う領域に越境し、連携・協働するオープン・イノベーションの取り組みによって、自組織に欠落したものがわかるだけでなく、自社に眠り活用されていないリソースやケイパビリティに気づ

く。外に越境することにより、既知と思っていた自組織の中に未知を発見することも少なくない。

第2章

経営

1 経営の目的

2 経営＝戦略×組織

3 戦略①──全社ポートフォリオ戦略

4 戦略②──個別事業戦略

5 戦略③──ポジショニングとケイパビリティ

6 組織を動かす①──タテの組織とヨコの組織

7 組織を動かす②──リーダーシップとフォロワーシップ

8 組織を動かす③──現場のオペレーション

9 組織を動かす④──ロジックとセンス

10 組織を動かす⑤──組織の大きな物語

1 経営の目的

1 顧客を創造する＝価値を創造する

　経営の目的は利益ではない。利益追求を前提としない非営利組織（NPO）にも経営は必要である。経営には達成したい明確な目的があり、利益はそれを実現するための手段である。利益は、経営が実現したことのご褒美、結果でもある。貨幣は経済活動を循環させる血流にたとえられるが、それはそのまま企業活動に当てはまる。企業は資本（カネ、ヒト、モノ）を調達することで経済活動を始められる。その結果、利益というカネが増え、より多くのヒトを雇い、より多くのモノを作り販売できるようになる。そして、余剰利益があれば、資本の提供者、従業員、経営者の間で分配できる。この分配が理想的に進めば、三者ともに豊かになれる。利益追求を経営の目的と勘違いするのは、この最後の部分、経済活動の結果起きることを自己目的化するからだ。

　経営の目的とは何か。ドラッカーは「顧客を創造すること」と断言した。では、顧客を創造するものは何か。それは顧客にとっての価値である。ゆえに価値創造をし続けることが経営の目的と定義できる。

　企業はゴーイング・コンサーン（継続企業の意味：企業が永遠に継続していくという仮定）を前提にしている。活動を継続するためには利益（より正確にはキャッシュ）が必要であり、利益を上げ続ける活動をすることが必要となる。それは常に価値を創造し顧客に届けていくことが前提になる。企業が独自の価値を創造すれば、独自の顧客が生まれる。その顧客が企業の価値に正当な対価を払ってくれることで利益が生まれる。利益は次の価値創造の燃料となる。そしてさらなる価値創造へとつながる。このポジティブ・サイクルをぐるぐると回すことで、企業の持続的繁栄がもたらされ、ゴーイング・コンサーンが盤石となり、経済発展する。

2 自分たちのパーパスを問う

　以上は経営の目的のいわば古典的解釈である。今日の企業経営は、より高度化された「経営の目的」を要求される時代を迎えている。

　2018年に、世界最大の資産運用会社であるブラックロックのトップが、世界中のCEO

に「パーパス」（企業の存在目的、存在理由）を問うレターを出した。「A Sense of Purpose」というタイトルの一文には、以下のように企業の「社会的責任」を明記した。

> 「上場、非上場を問わず、企業には社会的な責務を果たすことが求められています。企業が継続的に発展していくためには、すべての企業は、優れた業績のみならず、社会にいかに貢献していくかを示さなければなりません。企業が株主、従業員、顧客、地域社会を含め、すべてのステークホルダーに恩恵をもたらす存在であることが、社会からの要請として高まっているのです。上場企業、非上場企業のいずれも、確固たる理念を持たなければ、持てる力を十分発揮することができず、主要なステークホルダーから、その存続自体を問われることになるでしょう」

このレターの最終段階で、さらに「社会的責任」の意味するところを具体的に述べている。

> 「企業は自らに問いかけるべきです。地域社会における役割とは何か。自社の事業が環境に与える影響をきちんと管理できているか。多様性に富んだ組織を実現するための努力はしているか。技術革新への適応はできているか。自動化が益々進む中、従業員の再教育や新たな事業機会を追求しているか。従業員が退職後の生活に備えて投資を実践するにあたり必要な、従業員のファイナンスに関する教育やサポート等を提供できているのか」[1]

病院経営のパーパスは、このレターと響き合うものがある。病院は、個人のウェルビーイングと社会の安定と繁栄の礎をつくる公的機関であり、パーパスと呼称される「経営の目的」によく合致する。むしろ病院経営は、その他の一般的な経済活動をする経営組織の模範となるべきであるとすらいえる。

3　「我々はどこから来たのか、我々は何者か、我々はどこへ行くのか」

パーパス（企業の存在理由としての経営の目的）を定義するとき、並行して探求すべきものとして、オリジン、ミッション、ビジョンが挙げられる。

オリジンとは「祖業まで遡る歴史、創業者の逸話、継承される組織のDNA」である。自分たちが何者かというパーパスは、自分たちがどこから来たのかと無縁ではいられない。オリジンあってのパーパスであり、そのことで「自分たちの使命・社会的責任は、具体的にどの分野で貢献したいのか」が明確になる。この部分はミッション（使命）と言い換えら

---

1 引用：https://www.blackrock.com/jp/individual/ja/about-us/ceo-letter-2018

れる。

　オリジンとは自分たちがどこから来たのかという過去の物語であり、ミッションとは自分たちは何者かという物語である。必然的に自分たちはどこへ行くのかという未来の物語が紡がれる。それがビジョンである。ビジョンの実践的な定義は「自分たちが築きたい未来」である。VUCAの時代には、過去の延長線上に未来を想定することは困難である。理想の未来を思い描き、その理想に向けて力強く歩んでいく経営の意思表明がビジョンである。

　フランスの画家ゴーギャンは、西欧社会で近代化というパラダイム・シフトが起き、既存の行動様式や価値観が崩れていく中、新しい世界の創造を求めてタヒチに移住した。そして『我々はどこから来たのか、我々は何者か、我々はどこへ行くのか』という畢生の大作を残した（図2-1）。ゴーギャンは、芸術家的直感で混沌とした世界に自らを投じ、新しい「パーパス」を模索したといえる。

　ゴーギャンが残した名画は、経営者・経営実務者が組織のパーパスを問い直すうえで、大きな指針を与えてくれる。

　つまり、「我々はどこから来たのか（オリジン）、我々は何者か（ミッション）、我々はどこへ行くのか（ビジョン）」という大きな物語を描くことが、パーパスという名の「経営の目的」となる。社会的責任をどう果たしていくのか、どの分野で貢献し、何を達成したいのか。それはどのような価値創造なのか。どのような顧客の創造を意味するのか。組織が存在する根源的理由を自らの問うことで、パーパスの名に値する「経営の目的」を打ち出すことが可能となる。

　そのことで、第一部で見たイノベーションの方向性と意義も明確になる。自分たちの病院経営をより良いものとするために、どのようなダイナミック・ケイパビリティとオーディナリー・ケイパビリティを身に付けるべきなのか。それは、病院経営における価値創造とは何かを、原点に立ち戻って自らに問うことである。当たり前と思っていること、自明としていることを、基本に戻り、かつ時代の変化を感じ取り、再訪し、再定義していくこと。それが経営者および経営実務者の責務である。

図2-1　public domain ポール・ゴーギャン『我々はどこから来たのか、我々は何者か、我々はどこへ行くのか』
（1897）

② 経営＝戦略×組織

1　ビジョンは主観的で個人的で感情的である

　経営の目的（パーパス）が定まったら、それを実現しなければならない。WHYに当たる経営の目的（パーパス）に対して、実現方法であるHOWを具体化していく段階になる。経営は、戦略を策定し、それを実行できる組織を作る。「経営＝戦略×組織」という方程式である。

　いうまでもなく、戦略を打ち出すことも、組織をつくることも、人間的な営みである。100人いれば100通りの答えが出ている。経営に一般解はない。前述の「オリジン・ミッション・ビジョン」は、過去から現在、そして未来へと続く特定の人々の歴史であり物語である。わけてもビジョンは特に生身の人間の深い思いが込められている。逆にそれがなければ、ビジョンはただの美辞麗句に過ぎず、絵に描いた餅で終わる。

　日本企業のイノベーションの源泉を知識創造（暗黙知から形式知を生み出す組織力）に見出した野中郁次郎と竹内弘高は、「ビジョンは、主観的で個人的なものになる」（野中、竹内 2020, p.34）と語っている。また両利きの経営を理論化したスタンフォード大学のチャールズ・オライリーとハーバード大学のマイケル・タッシュマンは「ビジョンは、とらえどころがなく曖昧だが最も重要なものの１つである。ビジョンは、人々を感情的に引き入れるのである」（タッシュマン、オライリー 1997, pp.6-61）という。

　経営学は経営を科学的に研究する学問であるが、日米の高名な経営学者が異口同音に提示しているビジョン論は、科学の領域からはみだしている。「主観的・個人的・感情的」なものがビジョンであるとすれば、それはサイエンスではなくアートであり、論理実証的なアプローチになじまない空想的ストーリーテリングの営みといえる。

2　「WHYから始めよ！」

　リーダー理論で高名なアメリカのコンサルタントであるサイモン・シネックが2009年にTEDで「WHYから始めよ！」と提唱してから、WHYという本質的な問いの重要性が世界中で認識されるようになった。シネックはWHY⇒HOW⇒WHATの順番で考え、行動することが重要であるとし、これをゴールデン・サークル（図２-２）と称している。

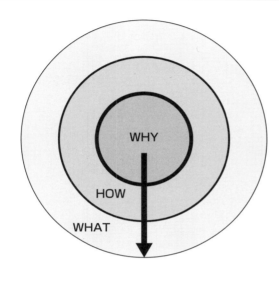

【Simon Sinek：The Golden Circle】

WHYから始めよ！ START WITH WHY

WHY：
ほとんどの企業は自分たちがなぜ今のビジネスをしているかわかっていない。WHYは利益を生むことではない。それは結果だ。ビジネスの目的、理由、信念にあたるもの、自分たちの組織が存在する根元的理由こそがWHYなのだ。

HOW：
一部の企業はどのようにビジネスをしているか知っている。それは、自分たちを特別にし、競合他社との違いを創り出しているものだ。

WHAT：
すべての企業は自分たちが何をしているか知っている。それは売っている製品であり提供サービスだから。

図2-2　**サイモン・シネックのゴールデン・サークル**

　「自分たちはどこから来たのか（オリジン）、自分たちは何者か（ミッション）、自分たちはどこへ行くのか（ビジョン）」と問われて内心ドキッとしない者はいない。WHYという根源的な問いは、私たちの心の深いところに触れる。そこから浮上してくるものとは、必然的に人間的なものであり、機械的にプログラム化したり、一般解として外から安易にソリューション導入できるものではない。経営者や経営実務者が、内省し探索し「気づき」を得るという、人間の最も創造的行為を経ることで、WHYが明らかになる。

　とはいえ、経営を実践し、パーパス（WHY）を実現し、持続的繁栄を組織にもたらすためには、「主観的・個人的・感情的」なるものを、「客観的・集合的（集団的）・論理的」なものに転換していくプロセスが必要となる。通常の企業におけるWHATは製品やサービスとなる。WHATが多くの人たちに具体的で明確な便益をもたらす。病院経営においても、具体的に治療行為があり、患者のウェルビーイングの向上が客観的・論理的に実証できるものでなければならない。

3　WHY（パーパス）から始めることで、HOW（戦略×組織）のエッジが立つ

　問題は、現場で実装するWHAT（製品・サービス）が、経営のパーパスであるWHYを実

現しているかである。企業の価値創造とは、実にWHATに集約されるが、その価値が真にユニークで有用性と普遍性があるためには、WHYという魂が籠っている必要がある。このようにWHYをWHATに転換し一貫した筋を通すのが、HOWとしての戦略×組織である。繰り返すが、それはきわめて人間的な営みであり、そのことに主体的に関わる人間の個性や価値観や得意不得意を反映する。

　さらにいえば、ひとりの経営者・経営実務者が、戦略と組織の両方の基礎素養を十全にもつことはまずない。どちらかが得意で、どちらかが不得意である。得意なほうを重視し、不得意なほうは軽視する。その結果、経営のパーパスの実現力が弱まる。「経営＝戦略×組織」という方程式が一筋縄では解けない理由がここにもある。

　大事なのは、自分の得手と不得手を自覚することである。そして不得手の部分を補完してくれる人とチームを組む必要がある。経営とはすぐれてチームプレイである。ひとりのカリスマに依存する経営スタイルは経営の本来の姿ではない。経営トップが得手と不得手を組み合わせるチームを形成することが何より重要である。経営チームは自分たちのエゴではなく、WHYから導かれるビジョンに従い、ビジョンの実現に邁進すること。これが「経営＝戦略×組織」という方程式を解く要諦である。

❸ 戦略①
──全社ポートフォリオ戦略

1 限られた経営資源を活かさなければパーパスは実現しない

　戦略とは、経営資源（ヒト・モノ・カネ）の傾斜配分により「違い」を創る行為である。やりたいことが無数にあり、経営資源が無限にある状況では戦略は必要ない。限られたリソースを有効に活用し、エッジの効いた活動をすることが戦略的行為である。限られたリソースを等分に配置すれば、すべての活動が不全となり、経営のパーパスを実現することは到底かなわない。ここぞというところにリソースを集中投下することで、成功の確率が上がる。

　しかし、そもそもリソースが不足していては、始まらない。明確なミッションやビジョンというWHYがあり、それを本当に実現したいと願うのであれば、まず経営資源を調達する必要がある。潤沢な経営資源があれば、より多くの活動をより速く行える。そのような場合でも、重要度と緊急度を秤（はかり）にかけ、優先順位を明確にする必要がある。すべての活動に等分に平等に資源配分しようとすると、どれも中途半端になる。あれもこれもという強欲や、皆に平等にという配慮は、戦略性の欠如を意味し、少なくとも経営においては避けるべきである。

　資金調達に成功し思いがけず大金を手にしたベンチャー経営者が、不必要に豪華なオフィスを構え、無闇に雇用を増やし、実現性の低い研究開発を続け、あるいは売上見込みが立たない大量の在庫を抱えるなどして、事業が立ち行かなくなるケースは驚くほど多い。戦略マインドをもたない経営者は、どれほど高邁なパーパスを掲げても、それを実現できる可能性は低い。

2 戦略策定の第一歩：全社活動領域をポートフォリオ化する

　経営者・経営実務者がHOWとしての戦略で最初にすべきことは、全社の活動の整理である。どこにカネを重点配備するか。そのカネは十分にあるか。なければ資金調達をまずしなければならない。十分な能力と動機をもつヒトは揃っているか。彼らをどの活動に配置するか。ここでもヒトが不足していれば育成するか雇用するか考えなければならない。いずれもカネがかかるので財布の紐の管理（資金繰り、資金調達）は欠かせない。

　カネを調達し、ヒトを集める理由は、経営のパーパスを実現する具体的な活動、すなわちモノに取り組むためである。そして企業活動のモノが単一でない場合、ポートフォリオ戦略をつくる。企業経営におけるポートフォリオとは、どのモノを優先するか、カネとヒト（およびモノに付随する設備などのモノ）をどのくらい傾斜配分するか、総合的に判断し決定するためのフレームワークである。

　全社ポートフォリオ戦略の古典は、アメリカの経営コンサルティング企業ボストン・コンサルティング・グループ（BCG）が開発したプロダクト・ポートフォリオ・マネジメント（PPM）である。PPMはその鮮やかなロジックとストーリーによって、1970年代のアメリカ企業の経営戦略のスタンダードとなった。

　PPMは4象限のマトリクスをつくる。縦軸に市場成長率、横軸には相対市場占有率をもち、その高低で4つの箱に分ける（図2-3）。市場成長率が低く成熟した分野で相対市場占有率が高いモノ（製品、事業）を「金のなる木」Cash Cowと定義する。なぜそのように呼ばれるかというと、そのようなモノは原価が低く、競争力が高いうえに、市場が成熟化しているので新たな市場参入者との競争やイノベーション投資などへの負担を心配せずにすむからである。

図2-3　4象限のマトリクスで示されるPPM

ここでPPMを構成する３大分析ツールについて解説する。

3 経験曲線の考え方：「生産活動の経験を積むほどコストは下がる！」

第１のツールが経験曲線である。製造業において製品なり部品なりの単価は生産量が増えるほど低下していく。また品質も安定していく。BCGは、累積生産量が２倍になるごとに一定の比率でコスト低下していくことを明らかにした。典型的には80％程度低下する（原価が20％下がる）。経験を深め習熟すると生産性と品質が向上する。そうであれば、いち早く累積生産量を増やし、誰よりも低コストでモノを製造できるようにすれば、強い競争力を手に入れられる。コストリーダーシップと呼ばれる戦略である。

ただし、自社がどれほど累積生産量を増やしコスト低減を実現できても、ライバル企業がまったく同様な展開で追随してくれば、価格競争に陥り、コスト優位性を利益に転換できない。

4 相対市場占有率の考え方：「圧倒的なナンバー１になれ！」

そこで３大分析ツールの２つめの相対市場占有率が登場する。ある市場で絶対市場占有率（一般にマーケットシェアと呼ばれる指標）がナンバー１の40％のモノがあるとする。立派なビジネスといえそうだ。ところがもしライバルも35％のシェアで追随しているとしたらどうだろうか。ライバルも経験曲線を十分に進んでおり、安定した品質の製品を低価格で販売できるに違いない。

ここで相対市場占有率の指標としての価値が明らかになる。自社とナンバー２企業のシェアの比率を計算すると、40/35≒1.14である。PPMを使用する立場からすると、1.14は十分なコストリーダーシップを保証しない。少なくとも1.50ぐらいの有意な差が欲しいと考える。これが相対市場占有率の競争戦略のロジックとなる。市場成長率が低い成熟した市場では、事業者間の関係が固定化するので、相対市場占有率1.5以上を維持する事業は、間違いなく「金のなる木」であるとPPMでは判断する。

病院経営における「圧倒的なナンバー１」とは、第一に当該地域において、特定分野の専門に特化することといえる。これは中小病院に限らず、総合病院においても今後必須のテーマとなる。「０⇒１」「１⇒ｎ」「ｎ⇒美」のすべてのイノベーション段階を横断的に探索し、自病院の在り方を戦略的にデザインすれば、何らかの突破口が見えてくるだろう。

5 プロダクトライフサイクルの考え方：「次世代の製品（事業）を用意せよ！」

しかし、どのような強い事業も永続はしない。第３のツール、プロダクトライフサイク

ルがそのことを示唆する。製品・サービス・市場は、必ず「導入期」「成長期」「成熟期」「衰退期」の４段階を経る。「金のなる木」は成熟期の製品・サービスである。その先には衰退期が待っている。キャッシュ・リッチな状況はいつまでも続かない。しかし経営は、「経営の目的」で触れたように、ゴーイング・コンサーンである。儲かってよかったね、では利益を山分けして解散しよう、とはならない。次の成長製品・サービス・事業を見つけ、そこに投資をし、次世代の「金のなる木」を育てる必要がある。

　次世代は通常、成長率が高い市場に参入する製品・サービス・事業であることが望ましい。ただし自社の相対市場占有率はまだ低い可能性が高い。この箱に入るのが、「問題児」Question Markである。魅力的な市場ではあるが、自社はまだ経験曲線を十分に下がっておらず、競合に対して不利な立場だ。市場が活性化しているうちにナンバー１企業をとらえ、凌駕する相対市場占有率を達成できるかどうかは未知数。そのような事業に積極的に投資すべきか否か。単純な答え、正解がないのが「問題児」と呼ばれる所以である。

6　ロジックとセンスを組み合わせる

　客観的な情報は必要だが、精緻な分析を重ねても、わからないものはわからない。最後は経営者・経営実務者の価値判断（パーパスに合うか、自社リソースを活かせるか、等）とアニマル・スピリット（野生的勘に基づく事業欲）とポートフォリオをどう組み替えたいかという全社戦略のストーリー（我々はどのような組織になりたいのか？　どのようなビジョンを実現したいのか？）次第である。

　この難しい経営判断に「１かゼロか」の賭けはしないほうがよい。成功確率を冷静に判断し、できれば複数の新規事業のタネを仕込む。あらかじめ新規の取り組みごとに成功基準と撤退基準を定め、投資枠と時間軸も限定する。日本企業は撤退がなかなかできない。しかし、撤退は立派な戦略判断である。既に投入した資金等はサンクコスト（埋没費用）である。それを惜しんで「あと少し」をズルズルと続けると致命傷になりかねない。戦略とは、経営資源（ヒト・モノ・カネ）の傾斜配分により「違い」を創る行為であることを、経営者・経営実務者は、常に肝に銘じる必要がある。

　市場成長率が高いときは総じて市場がダイナミックに動いており、顧客の選好も流動的である。自社が一気に経験曲線を下り、相対市場占有率のトップに躍り出る可能性は十分ある。そういった商機（勝機）が見えたとき、一気に勝負を賭けられるか。ここにも１＋１＝２のような正解はない。主観的な価値判断と自律的な意思と客観的な判断基準の３つを融合して進むしかない。そして成功する製品・サービス・事業が生まれると、市場成長率が高く相対市場占有率も高い箱に移る。これが「スター」Starである。

　「スター」は次世代の「金のなる木」である。利益は十分に出しているが、顧客の要望に応え競合に打ち勝つためには、大きな投資を続ける必要がある。「問題児」と「スター」の間で、

現在の「金のなる木」が生むキャッシュをどう配分するか。ポートフォリオ上の経営資源の傾斜配分の判断は、自組織の中に閉じこもると見誤る。顧客の潜在的ニーズをつかめているか、競合の次の一手を予想できるか、取引先との関係は大丈夫か、代替製品の動向をわかっているか、次世代型の破壊的イノベーションが地平線の彼方に生まれていないか。成功に満足せず、常にセンサーを立て、心身を活性化させることが、戦略軸にとって必須である。客観的分析に基づくロジックと、誰も確証のない未来を構想するセンスを組み合わせることで、PPMは生きた戦略ツールとなる。

7 撤退も立派な戦略と認識する

最後に「負け犬」Dogに触れなければならない。市場成長率が低く、相対市場占有率も低い箱にも製品・サービス・事業が存在する可能性がある。PPMの発想では、勝ち目のないモノであり、ただちに撤退すべき、と判断する。実際、アメリカ企業であれば早期に売却等の撤退方針を実行する可能性が高い。

ところが多くの日本企業ではこうしたモノも温存する。「負け犬」というあけすけな表現を避け、「課題事業」などというカテゴリーでくくる。課題は解決できる可能性がある。だが、そこに今注力すべきなのか。全社ポートフォリオ戦略は、大きなビジョン、大きな物語に基づく、大きな意思決定をする。それは経営者(経営トップ)しかできない。たとえその事業が会社の祖業であり、過去に創業者の肝入りで始めた事業であったとしても、決断しないといけないときがある。「オリジン・ミッション・ビジョン」という「経営の目的」を明示する必要があるのは、実は戦略実行力を高めるためでもある。

8 戦略マインドの枠組みであるPPMを自組織用にカスタマイズする

このように、戦略は「主観的・個人的・感情的」なビジョンを、「客観的・集合的・論理的」なものに転換する。ただし、戦略を自動的に客観的で論理的なものと捉えるのは間違いである。PPMの手法やロジックは、それを自社に適応する人によって、千差万別の「判断」を生む。経営に $1＋1＝2$ といった自明の方程式はない。「主観的・個人的・感情的」なパーパスを実現したい経営者にとって、価値とは常に主観的な意味づけであり、個人的な背景と嗜好性が織り込まれ、純粋に論理的とはならず、密かに感情が潜り込んでいるからである。

それゆえに、PPMに代表されるポートフォリオ戦略の考え方やロジカル・ストーリーや論理実証的な枠組みが重要となる。それは判断を自動的にもたらすのではないが、良い経営判断を導き出すためのガイドラインとなる。すべてのモノを等価に扱えば、エッジを効かせられない。また既存のモノ、手元にあるモノだけを見ていては、足りないモノを見

落とす可能性もある。経営資源(ヒト・モノ・カネ)の傾斜配分により「違い」を創り、持続的繁栄をもたらすことができているのか、我々はパーパスを実現できるのか。終わりのない問いかけと応答のプロセスが続く。

　BCGは、初めて全社ポートフォリオ戦略を世に問うた。その意義は今も少しも色褪せていない。確かにPPMの表層的な分析方法や資源の再配分のロジックは、今となってはいささか単純すぎるきらいがある。しかしながら、経営資源は有限であり、市場もテクノロジーも社会の在り方も変化し続ける。そうしたダイナミックな市場環境では、常に全社ポートフォリオに意識を向け、事業間のダイナミックな関係性をアップデートし続ける必要がある。

　その際に、PPMが示した4象限のマトリクスは、思考の枠組みとして普遍性がある。軸に何をもってくるか、4つの箱の移動をどのようなロジックによって見るかは、自社に即したモデルへとカスタマイズすればよい。重要なことは、未来を見据え、経営資源(ヒト・モノ・カネ)の傾斜配分を常に意識し、次世代の「違い」を創り続けるダイナミックな経営ハンドリングを自社版ポートフォリオ・フレームワークによって可視化することである。

戦略②──個別事業戦略

1 「選択」したあと、どう「集中」するか

　ポートフォリオ戦略とは、組織が保持する経営資源の傾斜配分のロジックであり、ストーリーである。言葉を変えれば、複数の製品・サービス・事業の「選択と集中」である。経験曲線と相対市場占有率（および市場成長率）とプロダクトライフサイクルという3つの分析ツールを使うことで、選択した製品・サービス・事業への資源配分のプロセスが明確になる、とBCGは考えた。

　あとは、経験曲線を一番早く駆け下り、圧倒的な相対市場占有率をもつナンバー1となれば、キャッシュフローを最大化できる。そしてプロダクトライフサイクルを慎重に見極め、「金の生る木」から「スター」や「問題児」にキャッシュを適切に配分し、未来の「金のなる木」を育てれば、企業は持続的に成長できる。PPMを文字どおりに受け取った企業は、そのように考えた。全社ポートフォリオを判断することが戦略であり、あとは製品・サービス・事業の責任者がしっかりオペレーションを管理すればよい、と見なした。個別事業を「選択」したあと、どう「集中」するかという個別事業戦略への落とし込み（図2-4）は、考える必要がなかった。

2 ポーターの問い：コストリーダーシップだけでよいのか

　BCGが普及させたプロダクト・ポートフォリオの考え方は、個別事業のコストリーダーシップという戦略的選択肢のみを前提にしていた。PPMがアメリカを中心に普及した1970年代は、日本企業の競争力が飛躍的に向上し、アメリカ企業を脅かすようになった時代でもある。日本企業は、品質が良いのに値段が安く、小型で扱いやすく、耐久性がある製品を次々と市場に投入していった。アメリカ企業は、コストリーダーシップだけを前提にポートフォリオに存在するコマを入れ替えていくような、ある種シンプルなゲームプランだけでは、日本企業に太刀打ちできなくなった。

　そのような経済社会環境の中で、アメリカの経営学者でハーバード大学経営大学院教授のマイケル・ポーターが、1980年に『競争の戦略』を発表した。ポーターは、個別事業戦略を3つ提示した。

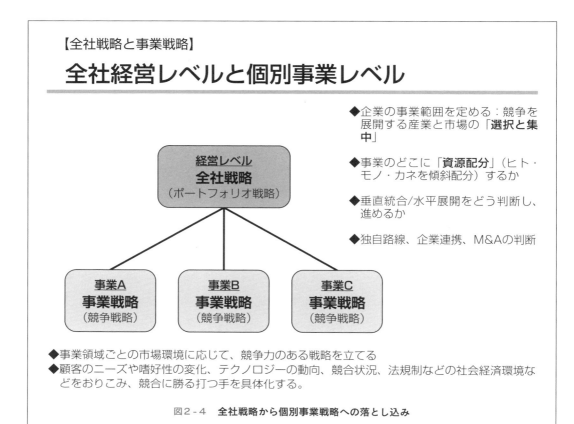

【全社戦略と事業戦略】

全社経営レベルと個別事業レベル

経営レベル
全社戦略
（ポートフォリオ戦略）

◆企業の事業範囲を定める：競争を展開する産業と市場の「**選択と集中**」

◆事業のどこに「**資源配分**」（ヒト・モノ・カネを傾斜配分）するか

◆垂直統合/水平展開をどう判断し、進めるか

◆独自路線、企業連携、M&Aの判断

事業A
事業戦略
（競争戦略）

事業B
事業戦略
（競争戦略）

事業C
事業戦略
（競争戦略）

◆事業領域ごとの市場環境に応じて、競争力のある戦略を立てる
◆顧客のニーズや嗜好性の変化、テクノロジーの動向、競合状況、法規制などの社会経済環境などをおりこみ、競合に勝る打つ手を具体化する。

図2-4　全社戦略から個別事業戦略への落とし込み

　第1は、PPMが前提にしたコストリーダーシップ戦略である。低コスト製品を広い層の顧客ターゲットに提供し、圧倒的マーケットシェアを獲得するというもの。大企業が資本力に物をいわせて標準的な製品を普及させるときに特に有効な戦略といえる。ただしコストリーダーシップだけだと、製品がコモディティ化していき、後から市場参入した追随企業も製品価値の模倣が可能になる。そして品質で妥協した低価格品で勝負を賭け、結果として市場リーダーも価格競争に巻き込まれ、体力を消耗する。

3　差別化するという選択肢、集中化するという選択肢もあるではないか

　そこで提示されるのが、第2の差別化戦略である。同じく広い層の顧客を対象とするが、コストリーダーシップの標準製品に対して、ユニークバリューをもつものを提供する。コストでは勝てなくても、高付加価値を評価されれば、高価格でも売れる可能性がある。高付加価値なものを求める顧客は一定数いるので、十分な販売量を確保できれば、高コストでも採算性が取れる。差別化の中身にもよるが、総じて競合による模倣可能性が下がるので、比較的安定した市場ポジションを維持できる。テクノロジーをベースとした製品イノ

ベーションが有効な価値を生み出す戦略でもある。

　さらにポーターは第3の戦略として、顧客ターゲットを絞ることで利益を得る集中化戦略を提示した。従来の市場区分を再定義し、より小さいセグメントで圧倒的な存在になるという発想である。ニッチ戦略とも呼ばれるもので、コストリーダーシップ戦略をとる業界リーダー企業にとって小さすぎる市場（固定費をカバーできない）、あるいは、リーダーにとって特殊すぎる市場（技術開発が割に合わない）を掘る。すると、その比較的小さな市場セグメントに限れば、圧倒的なリーダーになれる。集中化戦略を取る企業は、そのセグメント内で、コストリーダーシップまたは差別化のいずれかの戦略を取る。

　集中化戦略は、小が大の体力勝負に巻き込まれない手段となる。メガファーマである武田薬品に対して、眼科領域に特化した参天製薬や、特定分野の先端医薬品開発で世界的な存在となるスペシャリティ・ファーマとなるのは、一般に有効な集中化である。大日本印刷に対するプロネクサス（ディスクロージャー書類に特化）も同様な事例といえる。コンビニ業界では、北海道に限ってセブンイレブン以上の店舗数を誇るセイコーマートの存在がある。ファッションでは、若い女性の嗜好を広くキャッチしようとするワールドに対して、体型も嗜好もライフスタイルも変化する中高年女性に顧客層を絞るドゥクラッセも、ニッチ市場で競争力を発揮する。

4　5領域を比較する分析ツールを駆使すれば最適の戦略を導き出せる

　以上のように、ポーターの戦略論は今日も標準的に応用されている。ポーターは、これらの戦略を導き出すための分析ツール、5フォースを提示したことでも有名であり、今日ではむしろ、こちらのほうが多く語られる。5フォースとは、「同業者の敵対関係」を中心に置いたうえで、その周囲に4つの力学として「供給業者の交渉力」「買い手の交渉力」「代替品の脅威」「新規参入の脅威」を布置したものである（図2‐5）。比較的安定した豊かな経済環境を謳歌していたアメリカ企業は、日本企業の参入によって思いもしなかった角度からの脅威にさらされた。5フォース分析は、こうしたダイナミックな市場環境を迎えた時代に必要な分析ツールとして有名になった。

　このように、ポーターの戦略論は、PPMに不足していた個別事業の競争戦略にスポットライトを当てた点でユニークであった。PPMにはなかったコストリーダーシップ以外の選択肢を提示し、戦略とは多様なものであり、業界リーダーの大企業でなくても、やりようでエッジを効かせられることを示した。

5　分析や論理が自動的に戦略を導き出すわけではない

　そうした功績を認めたうえで、ポーターの戦略論の課題を2つ指摘したい。1つ目の課

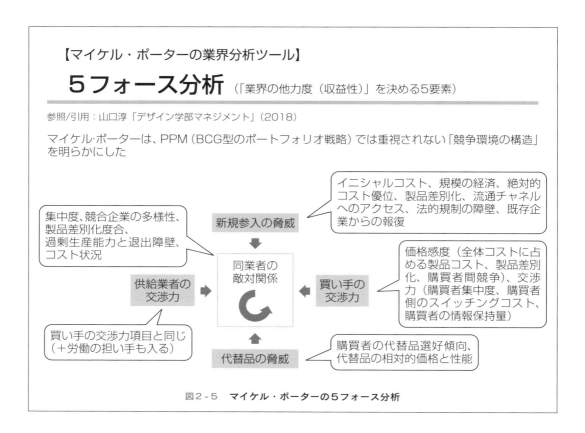

【マイケル・ポーターの業界分析ツール】

５フォース分析 （「業界の他力度（収益性）」を決める５要素）

参照/引用：山口淳「デザイン学部マネジメント」（2018）

マイケル・ポーターは、PPM（BCG型のポートフォリオ戦略）では重視されない「競争環境の構造」を明らかにした

集中度、競合企業の多様性、製品差別化度合、過剰生産能力と退出障壁、コスト状況

新規参入の脅威

イニシャルコスト、規模の経済、絶対的コスト優位、製品差別化、流通チャネルへのアクセス、法的規制の障壁、既存企業からの報復

同業者の敵対関係

供給業者の交渉力

買い手の交渉力

価格感度（全体コストに占める製品コスト、製品差別化、購買者間競争）、交渉力（購買者集中度、購買者側のスイッチングコスト、購買者の情報保持量）

買い手の交渉力項目と同じ（＋労働の担い手も入る）

代替品の脅威

購買者の代替品選好傾向、代替品の相対的価格と性能

図2-5　マイケル・ポーターの５フォース分析

題は、５フォースのような分析ツールを理性的・客観的に活用すれば、有効な戦略が出てくるわけではない、というポイントだ。頭脳明晰で市場を俯瞰する経営者が論理的必然性として導き出すのが戦略、という風情がポーター流にはつきまとう。しかし実際の戦略は偶然に生まれたり、組織の創発的プロセスの中からも生まれる。机上の戦略論と、経営の実践には乖離がある。現場を知らず組織を軽視する企業参謀による戦略策定は、混乱の原因となり、組織力を引き出せない可能性がある。

　もう１つの課題も、第１と関連するが、ポーターはもっぱらポジショニングとしての戦略を論じており、ケイパビリティと呼ばれる「組織よりの戦略」を認めていない。しかし、「経営＝戦略×組織」である。仮に「正しい戦略」というものが最初にあるとしても、それを「正しく実装する」ことは容易でない。組織が戦略を実装し実践するプロセスで戦略の欠陥が露わになり、アップデートが必要になるほうが普通である。

　狭義の競争戦略としてのポジショニングと、広義の競争戦略としてのケイパビリティは、相互に補完し合うものといえる。戦略と組織の関係はダイナミックで生命的であり、メカニカルな決定論的発想ではとらえきれない。「組織は戦略に従う」こともあれば「戦略は組織に従う」こともある。このダイナミクスを次に見ていく。

戦略③ ──ポジショニングとケイパビリティ

1 ポジショニングは立ち技で勝負する

　個別事業の競争戦略は、ポジショニングとケイパビリティという二大流派の相克にたとえられる。結論的にいえば、両者は離反・対立するものではなく、組み合わせることで総合力を発揮できる。柔道でいえば、立ち技で相手を崩して寝技で押さえ込み、「合わせ技一本」を取るようなものである。

　立ち技のポジショニングは、見た目も、結果も、鮮やかなものを目指す。訳せば「位置取りで勝つ」というもので、第3項（p.29〜34参照）で詳述したボストン・コンサルティング・グループ（BCG）のPPMも、第4項（p.35〜38参照）で示したポーターの戦略論も、内実はポジショニングである。「違いを創る」のが競争戦略の基本であるが、ポジショニングは人（他社）と違う「こと」をする、あるいは、違う「場所」（市場）に行く。

　他社と違った「こと」をするとは、活動の選択であり、「何をやり何をやらないか」を決めることである。「違いを創る」には資源の傾斜配分が必要だから、これは極めて重要である。特に「何をやらないか」にこそ、ポジショニングの隠された本質的価値がある。

　一例としてスターバックスの禁煙政策がある。コーヒーは男性の飲み物で男性の喫煙率が6割に達していた1990年代半ばに日本参入したスターバックスは、新しいコーヒー業態の目玉の1つとして、早い段階で禁煙を打ち出した。それは「タバコを吸いたい人は来ないでください」というメッセージであり、そのことで新しい価値創造（きれいな空気の中でコーヒーの香りを楽しむ）と新しい顧客（タバコを嫌う若い女性）を創造した。

　ポジショニングは、「空間」の競争とも呼ばれる。スターバックスはエスプレッソをベースとした新しいコーヒーのライフスタイルを創造した。ドトールに代表される既存のコーヒーチェーンとの直接競争を回避し、スペシャルティコーヒー市場とサードプレイスという新しいコーヒーショップの付加価値を提示し、コーヒー市場の定義を変えた。

　こうしたポジショニング戦略はわかりやすく、時間をかけない即効性を特徴とする。既存の市場の常識や社会の自明の前提の「外」に注目し、他社がやらないことをやることで、新しい価値創造を成す。ポジショニングは競争圧力を回避する作戦であり、「競争しない競争戦略」ともいえる。

2　ケイパビリティは寝技に持ち込む

一方のケイパビリティの直訳は「能力」であり、「組織能力を磨く」ことで一頭地を抜く戦略である。じっくりと相手を締め上げるという意味で、柔道の寝技に似ており、鮮やかさよりしたたかさを重視する。組織独自のやり方、文脈を重視し、磨き上げていく。他社と同じことをしている（製品や市場が同じ）のに、中身をじっくり見ていくと、その組織特有のやり方を追求している。一見するとわかりにくいが、そこに明らかな「違い」が隠されている。

ケイパビリティはわかりにくい。実際ポーターはケイパビリティを戦略とは認めていない。しかしポジショニングの「空間の競争」に対して、ケイパビリティは「時間の競争」である。他社より早いスピードで展開する「タイムベース戦略」の側面もあるが、むしろ「ウサギとカメ」のカメの持久力の側面のほうが強い。やり続けることにより、組織特有の価値創造の方法が出来上がっていく。それは要素分解して取り出すことが困難な総合力であり、「移転の難しい経営資源」とも呼ばれる。

再びスターバックスの事例を見ると、日本参入以来25年以上かけて作り込んできたケイパビリティは正に「時間の競争」の成果といえる。アルバイト学生にも80時間のトレーニングを行い、スターバックスのミッションを内面化してもらう。そのうえで、店舗という小集団の中で、常にスターバックスのミッションに立ち返るやりとりを続ける。すると、規律に従順であろうとする（マニュアルどおりに作業しようとする）日本人が、個性を発揮しつつ、絶妙なチームプレイができるようになる。その結果、店舗数が1,700に近い規模になっても、個店ごとに他社とは明確に違うブランドの雰囲気や価値観を提示し続けている。

3　立ち技と寝技の「合わせ技」で一本を取る

ポジショニングは競争圧力を回避するが、ケイパビリティは競争圧力に対抗する。ポジショニングだけでいくのであれば、コーヒーショップがないロケーションに出店するのがよい。しかしケイパビリティがあれば、似たコーヒーチェーンの店舗が隣接していても、より多くの顧客を引きつけ競争優位を保てる。スターバックスの店装やメニューなどは容易に模倣できる。禁煙政策も本気を出せばすぐ実行できる。しかし、ケイパビリティは組織を抜本から作り直さない限り模倣困難である。なぜ禁煙がよいのかを従業員が本当に得心し、その価値を体現できるためには、スターバックス・ミッションと禁煙政策が1つの大きなブランドストーリーの中で有機的につながり、共感的に共有されている必要があるからだ。

このスターバックスの事例からわかるように、立ち技のポジショニングと寝技のケイパビリティで「合わせ技一本」を取るやり方が、競争戦略を長持ちさせる。

4 ポジショニングはアメリカの経済社会の特徴を反映する

あらためて、ポジショニングとケイパビリティが二大流派とされる理由を見ていくと、そこに独特な歴史的背景があることがわかる(図2-6)。

ポジショニングは、アメリカで1960年代から1980年代にかけて隆盛していった。その背景には日本企業の戦後復興と競争力の急速な強化があった。アメリカ企業は対抗上自分たちの得意技のポジショニングを明確にした。

「トップダウン型」で頭を使う本社発の戦略を策定。その強みは、経営トップによる"Big Decision"が可能なことだ。反面、フォロワーは間違った判断にも盲従する(「私は判断する人ではありません」)。「短期指向」なので結果が早く出る。有効でなければすぐ作戦変更できるが、「頑張りがきかない」問題がある。「競争圧力を回避」するマインドによって、常に新しいものを模索し探索するので、イノベーションに積極的だ。ただ、発想は良いがモノにできない可能性もある。以上のように、ポジショニング派には、アメリカ的な文化や教育が下敷きにある。

ケイパビリティは、戦後ずっと日本企業が取り続けてきた方法であったが、日本企業の強さに気づいたアメリカの実務家、コンサルタント、経営学者によって研究され、1980

【ポジショニングとケイパビリティ】

強み・弱み

種類の「違い」を重視 【ポジショニング派】 ―位置取りで勝つ―	程度の「違い」を重視 【ケイパビリティ派】 ―組織能力を磨く―

□**トップダウン型**
　頭を使う本社発の戦略
　強み：経営トップによる"Big Decision"が可能
　弱み：フォロワーは間違った判断にも盲従

□**短期指向**
　強み：結果が早く出るので対処可能
　弱み：「頑張りがきかない」

□**競争圧力を回避**
　強み：新しいものを模索、イノベーション指向
　弱み：発想は良いが、モノにできない可能性

□**ボトムアップ型**
　体を鍛える現場発の戦略
　強み：創発的なプロセス"弾み車"
　弱み：「集団浅慮」になる可能性

□**長期指向**
　強み：「頑張ればなんとかなる」
　弱み：徐々に疲弊していく

□**競争圧力に対抗**
　強み：不断の改善で一頭地を抜く
　弱み：改善のみで、戦略転換が手遅れになる可能性

図2-6　**ポジショニングとケイパビリティにおける相違とそれぞれの強みと弱み**

年代から1990年代にかけて優勢になった。

5 ケイパビリティは日本の経済社会の特徴を反映する

　ケイパビリティの強みと弱みは、見事なぐらいポジショニングの裏返しである。「ボトムアップ型」を特徴とし、体を鍛える現場発の戦略ともいわれる。強みは、創発的なプロセスで、"弾み車"を回すダイナミクスにたとえられる。最初は小さな動きだが、みなで押し続けるうちに、気づくと大きな運動エネルギーが発揮される。しかし弱みとして間違ったことをみなで続ける「集団浅慮」になる可能性がある。「長期指向」であり、すぐに結果を求めず、創意工夫を地道に続け、道を極めようとする。いっぽうで「頑張ればなんとかなる」と思い続け、徐々に疲弊していく危険性がある。「競争圧力に対抗」することを厭わず、不断の改善で一頭地を抜くが、改善のみで戦略転換が手遅れになる可能性がある。破壊的イノベーションにも乗り遅れがちとなる。以上のように、ケイパビリティ派は、日本的な文化や教育が下敷きにある。

　現代はVUCAを特徴とし、しかも社会や地球の環境が加速度的に変化していく困難な時代である。こういう経営環境においては、「経営の目的」(パーパス)に常に立ち戻りWHYを自らに問うことが絶対的に重要である。そしてHOWの戦略をアップデートし続ける必要がある。全社ポートフォリオの大胆な組み換えをM＆Aを含めて断行するとともに、明日のポジショニングを構想し変化対応型のケイパビリティを磨くことが肝要である。

組織を動かす①
──タテの組織とヨコの組織

1　誰をバスに乗せるか

　経営を実践するためには、戦略軸と並行して組織軸を作る必要がある。「組織は戦略に従う」のか「戦略は組織に従う」のか。戦略論と組織論の関係について、2つの立場がある。本書は「経営＝戦略×組織」という方程式を前提にするので、戦略を先に論じ、続いて組織論に入る構成になっている。「経営の目的」（オリジン・ミッション・ビジョン、パーパス）というWHYを最初に提起し、それを実現する方法論として戦略を位置づけているからだ。

　ただしこのことで、戦略が組織に先行するとは必ずしもいえない。アメリカの世界的なビジネス・コンサルタントであるジム・コリンズは『ビジョナリー・カンパニー　2』で次のように語っている。

　「第一に、『何をなすべきか』ではなく『だれを選ぶか』からはじめれば、環境の変化に適応しやすくなる。人びとがバスに乗ったのは目的地が気に入ったからであれば、10キロほど走ったところで行く先を変えなければならなくなったとき、どうなるであろうか。当然、問題が起こる。

　だが、人びとがバスに乗ったのは同乗者が気に入ったからであれば、行く先を変えるのははるかに簡単だ。『このバスに乗ったのは、素晴らしい人たちが乗っているからだ。行く先を変える方がうまくいくんだったら、そうしよう』。

　第二に、適切な人たちがバスに乗っているのであれば、動機づけの問題や管理の問題はほぼなくなる。適切な人材なら厳しく管理する必要はないし、やる気を引き出す必要もない。最高の実績を生み出そうとし、偉大なものを築き上げる動きにくわわろうとする意欲を各人がもっている。

　第三に、不適切な人たちばかりであれば、正しい方向が分かり、正しい方針が分かっても、偉大な企業にはなれない。偉大な人材が揃っていなければ、偉大なビジョンがあっても意味はない。」（コリンズ2001, pp.66-67）

2 「経営の目的」は誰が実現するのか

コリンズの「バス理論」は、組織について、深い洞察を与えてくれる。

第1の指摘は、「経営の目的」を提示することと、それを実現していくことは同じでないことを示している。A地点からZ地点に向かうことが目的だったとして、最短時間で直線的に到達することはまずない。実際には、行く手にある障害物を避けなければならないし、不測の事態によってプランを見直すこともある。長く停滞し、後退することすらあるかもしれない。そのとき、バスに同乗する者たち、経営チームと実務チームは、実行プランを弾力的に見直し、ときに「経営の目的」そのものを原点に戻って探索し直す度量があるか。組織の創意工夫する能力、学習力が問われる。

第2の指摘は、私たちが「経営の目的」に賛同し実現したいと思う理由を問いかける。もしバスに同乗する人たちが、「経営の目的」の実現によって高い金銭報酬が得られることや生活の安定や個人的名誉を優先しているのであれば、動機づけや管理に気を配らなければならない。それでも達成される成果は卓越したものにはならないだろう。しかし、心から「経営の目的」を一緒に実現したいという人々であれば、偉大なものを築き上げる可能性は一気に高まる。組織構成員のモティベーション(動機)とエンゲージメント(愛着、思い入れ)の問題である。

第3に、「経営の目的」は、それを掲げるだけでは絵に描いた餅にすぎないということである。同意反復になってしまうが、「経営の目的」を実現することこそが「経営の目的」といえる。なぜ組織が必要かというと、組織がなければ「経営の目的」は永遠に実現しないからだ。その組織は、「経営の目的」を正しく理解する知的能力、その本質を洞察する胆力、そして困難な現実を前にして、着実に「経営の目的」を実現していける能力(個人の能力と組織力)をもたなければならない。組織の文化と機構のテーマである。

ここで辞書の定義を参照する。デジタル大辞泉によると、組織とは「一定の共通目標を達成するために、成員間の役割や機能が分化・統合されている集団」である。

3 組織から見ると「経営の目的」の実現プロセスに血が通う

コリンズの「バス理論」の洞察と、辞書的定義を合わせると、組織について考察すべき基本要素を抽出できる。

・組織は個人と集団の関係である。
・個人は能力(生来のコンピテンシー、獲得したスキル、知識・経験)と動機(モティベーション／エンゲージメント、外発的動機と内発的動機)の両方を備える。
・集団は公式の機構(ストラクチャー／システム)に基づいて行動するともに、独自の非公式な文化(カルチャー／コミュニティ)をもつ。

・組織は機械のように固定した機能を果たすものではなく、個人と集団が創発的に学習を重ね、組織能力を高めていく生命的なダイナミクスをもつ。

・「経営の目的」を実現していく段階(多くは企業成長のプロセス)に応じて、組織の在り方は変化していく。

以上を集約していえば、組織は、「安定したオペレーション」と、「自らを変容するイノベーション」の両方を実現することで、「経営の目的」を実現していく集団といえる。

4 オペレーションに向く組織とイノベーションに向く組織は異なる

「安定したオペレーション」と、「自らを変容するイノベーション」という2つの組織機能を実現するのは容易なことではない。「安定したオペレーション」は一般にタテ組織(公式のピラミッド型組織)によって実現されるが、「自らを変容するイノベーション」はヨコ組織(非公式のネットワーク型組織)のダイナミクスが求められるからだ。さらに、全社ポートフォリオ戦略で触れたプロダクトライフサイクルの4段階「導入期」「成長期」「成熟期」「衰退期」によって、この2つの関係は変化し続けるという問題がある。

「導入期」は、バスに同乗する集団が「経営の目的」をよく理解し共感し実現したいと強く思っている。そうでなければ、企業は仮に存続できたとしても、到底成長できないだろう。導入期の企業は、ヨコ組織が圧倒的に強く、ダイナミックだが流動的で不安定だ。

導入期の混沌、混乱をうまく脱出できると、企業は「成長期」を迎える。この段階でも、依然としてヨコ組織のダイナミクスが集団を導き、力を引き出しているが、量的拡大に伴いヨコ組織の弱点が露呈し出す。成長期は、同じことを丁寧かつ効率的に遂行する場面が増える。そこにはルールとルーティン、統制と管理が必要となる。今まで不足していたタテ組織を作り込む段階となる。

起業に成功し事業が一定の規模まで成長すると、「成熟期」を迎える。飛行機でいえば、巡航飛行の段階である。あとは目的地をめざして自動操縦モードにすればよい。コクピットに座る経営者・経営実務者はそう判断する。同じことを丁寧かつ効率的に遂行するタテ組織のルールとルーティング、統制と管理が組織全体を覆う。これは「成功の罠」と呼ばれる。成功に満足し、危機感やハングリーさを失う。オーディナリー・ケイパビリティがもっぱら推奨され評価される。次の世界を生み出すイノベーションの力、ダイナミック・ケイパビリティは危ういもの、粗雑で安定を乱すものとして敬遠、排除される。

成熟期に安住すると、必然的に「衰退期」を迎える。巡航飛行を続けていたつもりが、次第に高度を下げ危険な状態に入る段階である。成熟期で見たように、タテ組織が強くなっているので、不安定化した環境にうまく適応できず、昔のやり方・今の方法論を維持し強化しようとする。しかし衰退期は大きな構造変化が市場や顧客やテクノロジー分野で起きている。再びヨコ組織のダイナミクス、創造性、ヤンチャ精神を取り戻す必要がある。そ

うでないと、衰退の先には倒産や事業清算が待っている。運が良ければ事業売却による生き残りの道を探ることも可能かもしれない。

　逆に意思と運と取り組みプログラムがうまく噛み合えば、新たな製品・サービス・事業の領域で「導入期」を迎えることが可能だ。オライリーとタッシュマンの「両利きの経営」は、こうした既存事業と新規事業の不連続性の問題（異なる成長ステージのマネジメントが必要なこと）に着眼し、「成功の罠」から脱出する方法を理論化している。このことは「組織の大きな物語」の第10項(p.65〜69参照)でAGCの事例を通して解説する。

5　「学習しない組織」には7つの障害がある

　ここでは、タテ組織の安定した効率と、ヨコ組織のダイナミクスや創発性を両立させる視点として、組織学習について概括する。タテ組織は決定された事項の実行に力点を置く。探索や学習は効率的な実行の妨げになりかねない。しかし、ヨコ組織においては絶えざる学習により探索が進むことを知っている。タテ組織は学習障害に陥りやすいが、ヨコ組織は学習能力を高めてくれる。

　学習する組織Learning Organizationは、アメリカの経営学者ピーター・センゲによって広く知られるようになった。センゲは最初に「学習しない組織」を描写するために、7つの学習障害を提起した。最初の3つは、

① 『私の仕事は○○だから』(すべての仕事が相互に作用し生み出される結果に責任を感じない)

② 『悪いのはあっちだ』(学習障害①の副産物——非システム的な世界観、物語を生きる)

③ 『経営陣はいつも正しい』(トップが縄張り争いし、かっこをつけ、問題解明でなく自己主張する)

これらは【視野狭窄＝タコツボ】といえる。全体を見ず、自分の周りの狭い範囲だけに関わるセクショナリズムに陥る症状である。

④ 『まだ大丈夫』(ひとつの「回転数」(時間感覚)に強く固定され、緩やかなプロセス(より低い回転数)に目を向けない)

⑤ 『いままでこれでうまくいった』(経験は学びの礎だが、「学習の視野」が短期的で直接的なものに限定される。意思決定の本当に重要な結果は、想定よりもはるか将来に生じるので「経験できない」)

上記2つの学習障害は、【短期指向＝ゆでガエル】の現象である。徐々に進行する脅威に気づかず、あるいは、脅威に気づいても対応しない(先延ばしする)。

⑥ 『先制攻撃が一番』(攻撃は最大の防御と考える。自分自身がどのように問題を引き起こしているか理解しない積極行動(先制攻撃)は問題を大きくするだけ)

⑦ 『○○を排除すればいい』（出来事の良し悪しという現象に執着するため、真の原因を見逃す。出来事の背後に長期的な変化のパターン（真の原因）があることを理解できない）

最後の２つの学習障害は、【積極行動＝こまねずみ】の問題だ。難しい問題に直面したときは、積極的に行動すれば事態は打開できると考える。だが積極策は実際には、過去の成功体験をワンパターンで繰り返すだけとなるので、学習しない受け身の行動である。「成功の罠」の典型的行動の１つといえる。

6 「学習する組織」は５つの規範を継続的に実践する

センゲはこれら７つの学習障害を克服する方法として、５つの規範を提示した（図２-７）。学習する組織の５つの規範を、家を建てるアナロジーで整理してみたい。

家の土台として【システム思考】がある。すべてのつながりを把握する思考法──学習の土台となる。視野狭窄や短期指向などの構造問題はシステム思考によって変化する。

次に柱となるが【自己マスタリー】である。要するに個人の学習能力である。個人能力の

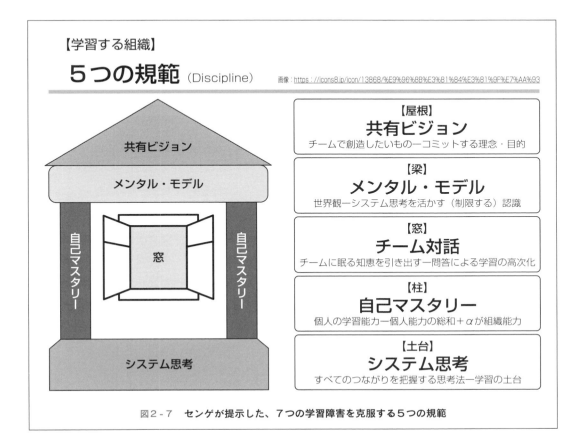

図2-7 **センゲが提示した、７つの学習障害を克服する５つの規範**

総和が組織能力であるとセンゲは考える。

　土台の上に柱が建ったら、梁を作る必要がある。それが【メンタル・モデル】で、世界観や価値観と言い換えられる。何ができて、何ができないかは、能力と機会の問題である以前に認知の問題である。できないという心理的ブレーキを解くことが学習を促す。

　梁の上に屋根を乗せる。家の一番高いところに掲げられるのが【共有ビジョン】である。センゲはチームで創造したいもの——コミットする理念・目的を述べている。まさに「経営の目的」に当たる部分である。

　最後に壁と窓を作ると家は完成する。ここにセンゲは【チーム対話】をもってくる。チームに眠る知恵を引き出すのが対話である。答えのない問いを問い続ける対話的プロセス、問答の高次化により、組織学習は広がり、高まり、深まる。

　以上の5つの規範の中で、とりわけ対話が、学習力を高めるカギを握る。組織の中で対話する関係性とはどのようなものだろうか。【窓】のアナロジーは、対話が組織内に閉じたものではないことを示唆している。タテの公式組織は内に閉じがちとなる。心理的にも行動的にも、外の世界に越境することで、学習能力が高まる。タテの公式組織に、ヨコの非公式で柔軟な関係性を組み込むことがカギとなる。リーダーとフォロワーの関係を知ることで、このテーマへの洞察を得られる。

組織を動かす②
──リーダーシップとフォロワーシップ

1 卓越したリーダーがすべてを解決してくれるという幻想

　組織を論じるとき、リーダーシップほど混乱し、誤解され続けるテーマはない。VUCAの時代は未来が見通せず、不安と混沌の中に落ちるので、英雄待望論が台頭する。卓越したリーダーが登場すれば組織の問題、経営の課題、社会問題はすべて雲散霧消し、理想の状態が実現すると期待する。冷静に考えればそのようなことは幻想に過ぎないとわかるのに、私たちはそうした他力本願を繰り返す。

　組織の問題はすべて個人の問題である。学習しない組織の7つの学習障害を見ればわかるように、私たちは、問題を矮小化する。自分の責任範囲と他人の領域を分け、自分のことだけをする。そのような態度は部分最適である。すべてがシステム的につながり、相互に影響し合う織物であることを無視することになり、全体の不全を生む。

　センゲが指摘するシステム思考が土台にあれば、個人がタコツボに入りゆでガエルになることは回避できる。リーダーシップ論の混乱と誤解の原因は、リーダーが組織集団という全体システムの一要素に過ぎないことを看過しているところにある。卓越したリーダーがすべてを解決してくれるという幻想は、組織のダイナミックな全体像を無視した短絡的な見立てから生まれる。

　リーダーがいれば必ずフォロワーがいる。リーダーとフォロワーは一対であり不可分である。自分がリーダーといえるのは、自主的にフォローしてくれる人がいるときだけだ。自分がフォロワーといえるのは、自らついていきたいと思うリーダーを選択したときだけである。これが組織学習の基本的な関係性である。

　自分はリーダーなのか、フォロワーなのか。どの立場で何をするのか。システム思考に基づく自己マスタリーがあれば、組織上の立場や役割、責任範囲が何であれ、自分を超える領域への関心と関与が高まり、個人の学習能力が上がる。そしてそういう個人が増えれば、必然的に組織全体の学習能力も上がる。

2 マネジメント(業務遂行)とリーダーシップ(変革推進)の違いを理解する

　こうした組織学習の課題を掘り下げる前に、マネジメントとリーダーシップの違いを把

握する必要がある。組織には公式のタテ組織（ピラミッド型組織）と非公式のヨコ組織（ネットワーク型組織）があると前述した。実は、タテ組織にはマネジメントが必要であり、ヨコ組織を活性化するのがリーダーシップなのである。

アメリカの歴史学者・政治学者ジェームズ・バーンズ（1918-2014）は、「リーダーは方向をガイドし、示すために先頭に立つ人」であり、変革推進Transformationの役割を負うという。これに対してマネージャーは「経済性と効率性に基づいてビジネス上のことがらを遂行する人」であり、業務遂行Transactionで能力を発揮する。リーダーシップによる方向づけとマネジメントによる実現という関係性はわかりやすい。

ノースウエスタン大学ケロッグスクール経営大学院教授のロバート・ニューシェルも、同じ趣旨の論述をしている。「もしビジョンのみ過剰で、実践行動が伴わなければ、われわれはどこへも到達しない」。これはリーダーシップのみのケースである。「逆に実践行動のみが過剰で、ビジョンが伴わなければ、われわれは的外れの方向に進んでしまう」。こちらはマネジメントのみのケースである。

滋賀大学経済学部の小野善生教授は、リーダーシップとマネジメントはクルマの両輪であると整理する。リーダーは、①ビジョン提示、②メンバーの意識変化の促しと学びの支援、③想定外の事態が発生した場合のビジョン見直し、の3つに関わる。マネージャーは、①ビジョン達成に向けた体制づくりと、②PDCA管理を推進する。

この3人の組織論の専門家の論述はきわめて近似している。変革推進することがリーダーシップであり、業務処理するのがマネジメントである。リーダーとマネージャーの違いを正しく理解することは、組織運営において決定的に重要である。端的にいって、マネジメントは上司と部下のタテの公式関係であるが、リーダーとフォロワーはヨコの非公式関係である。したがって、上司と部下が自動的にリーダーとフォロワーになるわけではない。このことの誤解と混乱も、リーダーシップ論につきまとう。

3　「上司＝リーダー」「部下＝フォロワー」ではない

上司と部下は人事で決める。フォーマルに強制される関係であり、基本的に選択の余地はない。しかし、上司は自動的にリーダーになれるとは限らない。部下が上司をそのように認めたとき、はじめて上司＝リーダーとなる。なぜなら、フォロワーがリーダーを選ぶのであり、逆ではないないからだ。

上司は部下に業務命令を下すことはできるが、部下にフォロワーになることは命令できない。フォロワーになるかどうかは、部下の内発的動機にかかっている。リーダーとフォロワーは、強制されないインフォーマルな関係である。リーダーは方向性を示すが、それは示唆（こっちの方角が良いと思う）と招待（一緒に行かない？）に過ぎない。それを自分も良いと思うか、自分も一緒に行きたいかは、フォロワー自身が自分で決める。フォロワー

の自主性こそがカギを握る（図2-8）。

　上司と部下の人事は別個に発令される。タテの公式組織のルールに基づく。上司も部下も、組織という機構のパーツであり、取り換え可能な関係である。上司と部下の属人的要素は考慮しても二次的に過ぎない。

　だが、リーダーとフォロワーは同時に生まれる。上司が部下の心を打つビジョンを示したとき、部下の心に何かが響く。そして内発的動機が起動する。そのとき部下はほかの誰でもないこの上司についていこうと思う。リーダーとフォロワーは一対の関係である。片方だけでは機能しない本質的なチームであり、ビジョンで結ばれる関係である。

　上司と部下は上下関係である（タテ型モデル）。公式組織の建付け（タテマエ）と外発的動機を前提に強制力を働かせる関係である。リーダーとフォロワーは対等である（ヨコ型モデル）。公式のピラミッド組織の仕組みからはみ出すことで、公式組織に血を通わせる。内発的動機で結ばれる自由な関係であり、共同体的なネットワークを形成する。

　組織はタテ糸とヨコ糸の織物である。人間の体にたとえると、上司と部下のマネジメントという公式タテ組織が骨組みや臓器であり、そこにリーダーとフォロワーの非公式ヨコ組織という神経と血流が行き渡ると、組織は、人間の体のような複雑な有機体として、統合的・自律的に活動できるようになる。マネジメントリーダーシップのこの関係性を、事

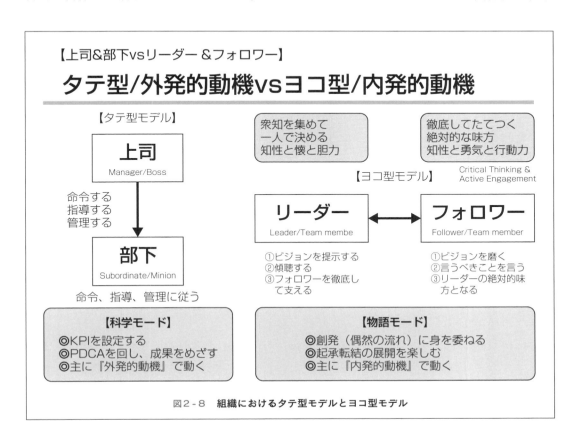

図2-8　**組織におけるタテ型モデルとヨコ型モデル**

例を通して学習してみよう。

4　スターバックスはマネジメントリーダーシップをどう連携させたか

　日本のスターバックスの事業が、困難な導入期の混沌を抜け出し、順調に成長期を迎えた1990年代末には、ブランド人気が一気に加熱し、バブル状態になった。東京を中心とした首都圏でのヒットが話題になり、出店を待ちわびるファンが全国に生まれた。出店すると、計画の1.5倍から2倍もの顧客が押しかけ、どの店舗も長蛇の列となった。店を出せば確実に売れ儲かることに経営者も実務者も慣れてしまい、オペレーションが緩くなりコスト管理が甘くなった。店舗数は300を超え、まだまだ増える勢いであったが、危機は刻々と近づいていた。

　バブルは必ずはじける。2001（平成13）年に頂点を打ったスターバックス人気は突然かげり出し、以後48か月既存店前年比がマイナスを続けるという危機的状況に陥った。スターバックス　コーヒー　ジャパン（日本スターバックス）は、上場直後だったこともあり、アナリストやメディアに散々叩かれた。「スターバックスのブームは去った」「業績回復は困難」「スターバックスに将来性はない」。あれほど熱狂した市場は、手のひらを返したようにネガティブな評価を下した。日本スターバックスの上級幹部や従業員たちも、予想外の困難に直面し、自信喪失となってしまった。

　日本スターバックスの創業社長であった角田雄二CEOは、スターバックスのミッションを誰よりも理解しビジョンを掲げてきた。フォロワーたちを鼓舞するリーダーシップによって、日本スターバックスは、コーヒー業界はおろか、飲食業界・小売業界のどことも違う卓越した組織文化を実現した。しかしバブルがはじけたことで、経営者としての自分に不足していたものを自覚した。大きく成長した組織を統制し効率化するマネジメント力が不足していた。

　そこで角田CEOは、小売業のプロを招聘した。イオンのオペレーションで実績を上げていた桝田直氏をCOOとして招聘した。

　桝田COOはただちに日本スターバックスのオペレーションに手を入れていった。無駄なコストや作業を洗い出し細かく削減していくとともに、ロジスティクスや情報システムなどの仕組みの改革にも着手した。店舗投資や不動産コストの見直しも進めた。バブルのはじけた店舗の低い売上でも採算が取れるようにした。そして現場と本部の間でファクトに基づくPDCAがしっかり回るようにした。要するに、マネジメントを徹底した。

　では角田CEOはこの時期、何を考え、何を実行したのだろうか。角田CEOにはスターバックスのミッションへの確信があった。店舗の輝きこそがブランドの価値であり、お店を輝かせるのは一人ひとりのパートナー（スターバックスの従業員の呼び名）である。店舗パートナーが元気さを保てば、スターバックスは必ず復活する。桝田COOがマネジメン

ト力を強化する間、自分は店舗を回り、パートナーたちのモティベーションを高めエンゲージメントを維持しよう。角田CEOは店舗業務に関わらない上級幹部にも同じことを求めた。困難なときこそ、ワンチームで取り組むというレジリエンスのある組織づくりを進めた。

　4年経ち、既存店前年比がようやく反転したとき、日本スターバックスは新商品の投入で弾みをつけるとともに、店舗パートナーの元気な接客により、人気を回復した。マネジメント力をつけた組織は、収益力と品質の安定も獲得していた。その後も、様々なイノベーティブな商品やサービスを提供し、より成長していき、今日全国で1,700店舗近いナンバー1コーヒーチェーンとして操業を続けている。

　VUCA時代のマネジメントとリーダーシップの在り方に正解はない。スターバックスも1つの事例に過ぎず、特定の組織の特殊解といえる。一方でそのような事例の奥に、ある種の普遍的なメッセージ、経営の在り方の洞察を得ることも可能である。病院経営においては、「ヒト」のスキル、モティベーション、チームプレイと、生産性の管理が成功のカギを握る。スターバックスは「ピープルビジネス」を自称しており、その組織運営から得られる学びは少なくない。経営トップと現場のオペレーションはどのように連携すればよいのだろうか。

5　医療現場におけるリーダーとフォロワーの関係性をアップデートする

　スターバックスの事例のように、経営改革を進めるうえではトップダウン型のマネジメントが必要になる。同時に角田CEOが示した現場を鼓舞するリーダーシップもなければ、真の改革はもたらされない。上下関係を前提としたマネジメントは、外発的動機に基づく「命令─服従」の仕事の仕方を前提にする。タテの関係性をヨコに転じるリーダーとフォロワーの関係を構築することで、現場の人々の内発的動機が引き出され、多様な職種と多様なパーソナリティや経験知を集合的に活かせるようになる。これが、権限移譲と公平さを前提とした現場におけるエンパワーメントである。

　この組織論の原則に対して、病院経営者・経営実務者が自覚しないといけないことが、医療現場に根づく権威主義とパターナリズム（父権主義）である。かつては医師の言うことは絶対であり患者は一方的に従うものとされた。いまの医療現場ではインフォームド・コンセントの原則が機能しているので、患者は医師から医療方針について十分な説明を受け、納得したうえで、患者自らが治療や処置を受け入れる決定を下せるようになっている。それでも医師の判断は絶対であるという観念は強い。それは高度の知識・技能・経験に対するリスペクトの裏返しであり、医師も自負するところでもある。

　これが特に問題になるのが、医療チーム内における権威主義・パターナリズムであり、強固な上下関係が堅持される傾向性につながる。支配型ヒエラルキーとも呼ばれ、実は専

門性の高い職場でしばしば観察される。支配型ヒエラルキーは、集団のトップは常に正しい（間違いを犯さない）という前提に立つ。これがミスの看過、隠蔽、さらには重大な事故につながる遠因となる。

　航空機事故や貨物船事故のボイスレコーダーを分析した調査報告書によると、副操縦士や機関士、一等航海士などが、事故の予兆を正確に把握していたにも関わらず、機長や船長は「常に正しい」という暗黙の前提に縛られ、直截なコミュニケーションを躊躇する。一方の機長や船長は眼前のことに気をとられていたり、客観状況を過小評価したりしているのだが、ヒエラルキーの下位の者からの提言や助言にははなから耳を貸さない。一方の下位者は、自分自身に命の危険が迫っているのに、強い直截さをとれない。結果、高度な専門性をもつ集団が全員死亡する悲劇を生む。

　こうした事故検証から医療現場が学ぶべきことは多い。患者の命を預かる医療チームは、当然、最も高度な専門性をもつ判断を医師に委ねるが、リーダーとフォロワーがスターバックスのようにフラットな関係を維持できるケースでは、ミスがあってもすぐ発見され、修正される。治療自体も合理的、効率的で、関係者が一体になって進む。簡潔にまとめれば、こうした医療現場には心理的安全性が担保されているのである。その結果、チームとして集合知（集団の知恵）を発揮できる。

　こうした医療現場では、医師はミッションやビジョンを明確にするが、実際の治療においてはリーダーの医師を含め、フォロワー全員がミッション・ビジョンを磨く。すると、たとえば看護師が医師の言ったことを反復して寄り添った言葉と共に患者に伝える、といったさりげないことを通して、患者の満足度が劇的に向上し、治療全体が円滑に進むといった現象が日常化する。後述するSOAPというカルテ管理手法（p.58参照）も、医師を支配型ヒエラルキーから解放する趣旨があったといわれる。

　医療現場の心理的安全性を高めるうえで参考になるのが、「関係性の編みなおし」という取り組みである。医師、看護師、患者はヒエラルキー的に固定化されやすい。しかし医師と看護師は共に子育ての悩みを共有しているかもしれず、医師は看護師の経験からヒントを得るかもしれない。医師と患者は同じ趣味嗜好があるかもしれない。看護師と患者は、地元のボランティア仲間という可能性もある。仕事と関係ない「まじめな雑談」を安心してできる場（人と人としての交流の場）をあえて設けることで、心理的安全性は高まる。そしてフラットなチームづくりが進む。その効果は、患者満足度の向上に止まらない。クレームの減少から新患者数の増加につながる可能性がある。そして、最も重要なミスの減少と重大事故の回避を期待できる。

組織を動かす③ ──現場のオペレーション

1 「経営の目的」を「戦略×組織」で具体化したグランド・デザインを現場に「実装」する

「経営の目的」WHYを実現する方法である「戦略×組織」HOWは、重要な転換点であり、中継点である。戦略をブレークダウンしたところが、現場のオペレーションの「実装」WHATである。

戦略を現場のオペレーションに実装することは、すなわち組織を実装することである。戦略そのものと、戦略を実現する組織ダイナミクスは、一体のものである。戦略から下の次元では、戦略の実装と組織の実装は相互に絡み合うからだ。特に日本の組織においては、戦略と組織は融通無碍なものとなる。

戦略そのものは、既に見たように、第1に全社ポートフォリオの経営判断である。市場の成長性と将来性、自社の市場における位置と強み等を総合的に勘案し、ポートフォリオ上の特定の領域に経営資源を傾斜配分するとともに、それら領域間の関係性を定義することである。ボードゲームにたとえれば、自社の「経営の目的」というグランド・デザインに基づき、ポートフォリオというゲームの盤上にある持ちコマをぐるぐると回し、ときに大胆にコマの入れ替えをする行為である。

戦略とは第2に、それぞれのコマである個別事業の競争戦略の策定と実行である。ここでコストリーダーシップ、差別化、集中化といった基本選択肢を比較検討する。そして「位置取りで鮮やかに勝つ」立ち技的なポジショニング戦略と、「組織能力を磨いて一頭地を出る」寝技的なケイパビリティ戦略で、基本選択肢をより具体化していく。

このように、「経営の目的」WHYと「全社ポートフォリオ戦略・個別事業の競争戦略」HOWを結びつけるのが、経営のグランド・デザインである。それは、組織の価値観と戦略で達成したい目標に矛盾はないか、情熱と冷静さをもって判断し、まっすぐな心と批判的な精神の両方で定義する行為である。

グランド・デザイン作成は、AIやソフトウェアプログラムにはなじまない。生身の人間である経営者・経営実務者が、頭で考え、心で感じ、体を動かして想像し創造するものである。コリンズの「バス理論」を思い出してほしい。グランド・デザインは戦略論として語られやすいが、その戦略を導き出すのは、バスに乗る人たちである。経営チームが組織の軸であり出発点である。このように、戦略と組織は一対なのである。しっかりした経営

のグランド・デザインは、現場のオペレーションに一貫性をもたらす礎となる。

2　組織の３つの階層をつなぐ

組織は大きく分けて３つの階層から成る。経営層とミドルマネジメントと現場である。経営のグランド・デザインは、主として経営層とミドルマネジメントを１つにつなぐ。次にミドルマネジメントと現場をつなぐ段階となる。グランド・デザインとは全体図なので、これをより詳細な地図の上の局地的な活動にブレークダウンする必要がある。個別のビジネスデザイン・ジョブデザインである。ここで戦略が多様な戦術に落とし込まれる。同時に組織は事業別のユニットや機能別の部門に分解される。さらに細かいジョブユニットに分解され、最後は数名単位で活動する小集団(チーム)の個別活動まで詳細化される。

組織の３つの層を有機的につなぐためには、経営の目的（WHY）⇒戦略×組織（HOW）⇒戦術×戦技（戦略のブレークダウン）・文化×機構（組織のブレークダウン）⇒実装（WHAT）のマネジメント・プロセスを共有する必要がある。何より、現場で経営の目的（ビジョンやパーパス）が実現しているか、不断の検証を続ける必要がある。これが本当の意味でのPDCAである（図２-９）。

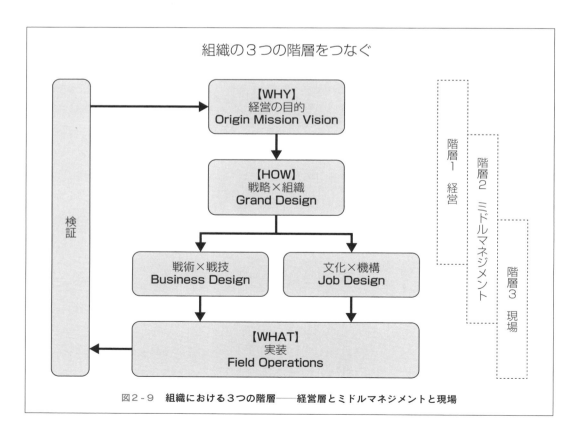

図2-9　組織における３つの階層──経営層とミドルマネジメントと現場

3　日本型組織の特性・傾向性を洞察する

　このPDCAプロセスは、一見粛々と客観性と合理性をもって進められる。しかし実際には、主観的で感情的な要素が紛れ込む。経営層とミドルマネジメントが握るグランド・デザインは経営の建前として明文化されているとしても、ミドルマネジメントから現場に落とし込まれる個別ビジネスデザイン・ジョブデザインの段階で、いろいろな問題が浮上し、グランド・デザインの趣旨が建付けどおりに進まなくなる。建前に本音が忍び込む。

　特に日本の組織においては、こうした現象が頻繁に起きる。「ポジショニングとケイパビリティ」の項（p.39〜42参照）で見たように、アメリカ企業が大きな意思決定をトップダウン型で下す文化や教育になじんでいるのに対して、日本は現場による創発的な動きがいつの間にか組織全体のムーブメントになるボトムアップのダイナミクスになじんでいることが背景にある。

　さらにアメリカ企業は、トップ主導のグランド・デザインは、たいていがきわめて具体的で明瞭である。経営の目的と戦略の関係に曖昧不明瞭な部分はなく、ミドルマネジメントの仕事は、グランド・デザインを論理的に具体的な戦術とタスク（個別業務）に分解できる。そしてタスク間の優先順位を明確につけ、実施プロセス全体をコントロールする。これに対して日本企業は、トップのグランド・デザインが抽象的で曖昧・大まかであることが多い。それをミドルマネジメントが掬い取り、独自に咀嚼し、不足する部分は適度に忖度する。そして、ミドル間の暗黙的な合意にもとづいてタテとヨコで連携しつつ、実際の活動は、個別の現場での偶発的な取り組みと創発的なプロセスに委ねる。

　このような明確な違いがあるので、アメリカ企業はポジショニングをメカニカルに実践するのが得意で、日本企業はケイパビリティ依存の活動を緩い機構の中で試行錯誤を重ねるのが得意という傾向性は、文化的に必然の結果ともいえる。

4　PDCA、OODAと、医療経営におけるSOAP

　PDCA自体は、生産管理などオペレーション環境が比較的安定した現場に向く手法といわれる。特にPをPlan＝計画と文字どおりに解釈すると、計画をあらかじめ精緻に立て、それを組織全体で共有し共同して実行していくイメージになる。より汎用的に捉えると、Pは仮説、明らかにした疑問点、課題といった意味合いになる。そう捉え直すと、より小集団あるいは個人レベルでも活用できるマネジメント・サイクルとなる。

　このあたりの柔軟性や状況適応力を織り込んだのがOODAという代替手法となる。Observe（観察する）⇒Orient（方向づける）⇒Decide（意思決定する）⇒Action（実行する）というサイクルであり、刻々と変化する環境で戦略策定する際に有用と考えられる。Pにおける「仮説」づくりを、OODという3ステップ展開することで、「仮説づくりをするため

の環境・状況をフットワークよく観察し、どの方向に向かうべきか俊敏に情勢判断し、果敢に方針決定する」と読み替えることができる。このように解釈すると、OODAの最後のAはPDCAのDCAを集約したものであることがわかる。Aの実行は、柔軟な状況判断・検証および修正を含むダイナミックで柔軟なステップとなる。

　実は医療現場で「まともにカルテ機能を有しているチーム医療を提供しているところ」では、OODAが当然のものとして実践されている。その背景には、SOAPというカルテ作成手法がある。Subjective「患者の訴え等主観的な情報を起点とし」⇒Objective「それを診察や検査等の客観的医学情報と組み合わせ」⇒Assessment「S＋Oのすべてを体系的にレビューしたうえで総合的な評価を行い」⇒Plan「漏れなく問題を把握したうえでロジカルにまとめて医療チームとしての治療計画を立てる」というものである。

　このようにSOAPは、時々刻々と変化する状態に対して、客観的に誰もが瞬時にその状態と状況をロジカルに情報共有をしたうえで、いち早くそのロジックのミス等含めて治療を最善にもっていく手法であり、PDCAとOODAの融合版ともいえる。

　また、患者の状態に適応したPDCAモデルとして提示されたPCAPS（患者状態適応型パスシステム：Patient⇒Condition⇒Adaptive⇒Path⇒System）においても、上記S（患者の主観情報）とO（医療の客観情報）のバランスと往還の重要性が指摘されている。

　これらの諸点を総合すると、PDCA/OODA/SOAP/PCAPSを包摂する視点が見えてくる。それは、医療チームのロジカルシンキングを鍛えることと、患者の状態を捉える直感・センスが研ぎ澄まされることの両方が、医療現場で同時並行的に高度化することで、現場オペレーションのクオリティと生産性が上がり、医療ミスが軽減されるというリアリティである。これは、後述の「ロジックとセンス」(p.61参照)につながる重要なポイントである。

5　アメリカ型と日本型のハイブリッドモデルを検討する

　「経営＝戦略×組織」の方程式を現場オペレーションに落とし込むとき、上記の違いを理解することが大事だ。戦略は論理と分析で作り、あとは組織機構というメカニズムで一気に実装すればよい、というのがアメリカ型の経営発想である。戦略を戦術に落とし込む段階で、上司と部下が実行する手順書を明確にするジョブ型の組織を基本とするので、管理統制がしやすい。どこで問題が起きるか、起きたときどう修正をかけるかも、明文化されている。組織をメカニズムとして機能させる発想である。

　これに対して高度成長期の日本は、組織を半ばコミュニティのように運営してきた。1980年代までは、日本のやり方のほうが総じて競争優位性があったが、バブル崩壊以後は、立場が逆転してしまった。ただそれは、アメリカ型のポジショニングが勝利した、ということでは必ずしもない。アメリカは、文化人類学者の力も借り、したたかに日本企業の強みを観察・解析し、アメリカ文化の中に日本的なコミュニティの創発性を織り込んでいっ

たのだ。したがって、今日の企業組織において、経営層とミドルマネジメントと現場の連携において、モデルケースになるのは、典型的なアメリカ企業でも典型的な日本企業でもない。日本企業とアメリカ企業のいわばハイブリッドモデルに、現場オペレーションのヒントがある。

そういう意味でも、アメリカ企業と日本企業の完全対等合弁事業であったスターバックス コーヒー ジャパンは、日本的な現場オペレーションにおける新しい可能性を探る参考事例となる。

6 スターバックスの現場オペレーション

スターバックスの店舗は、サイズと売上規模による違いはあるが、数十人のパートナーでシフトを組み、店舗に実際に立つのは5人から10人程度である。しかも店舗はそれぞれ距離が離れており、孤立したオペレーションを続ける。サポートセンターと呼ばれる本部との距離はさらに遠い。これはスターバックスに限らず、小売・飲食の多店舗展開する事業では同じといえる。そこで各社はチェーンオペレーションのシステムを導入するが、ほとんどはフランチャイズの仕組みと組み合わせる。しかし、スターバックスは自分たちのミッションを実現するためには、直営店舗で自社の従業員で運営することが最善である、という戦略的立場を一貫して取り続けている。そして、最も大事な接客のオペレーションは、マニュアルを排除するという独特なオペレーションスタイルを貫いている。

マニュアルに代わるものとして、(1)グリーンエプロンブック、(2)ラウンドテーブル、(3)アート・オブ・エスプレッソといった組織活性化の手法を導入し、模倣困難な組織文化を作り込んでいる。簡単に紹介すると、グリーンエプロンブックは店舗における接客の哲学を描写した小冊子で、店舗パートナー間で交換できるポジティブフィードバックカードが同封されている。ラウンドテーブルは人事部がサポートセンター内の会議室をオープンし、店舗から来たパートナーたちが自由に意見交換やグッドアイデアを交換できる場づくりである。そしてアート・オブ・エスプレッソは、マニュアル(手順書)に依存せず、美味しいコーヒーを自身のアート(技芸と感覚)として提供する方法を伝授する。

さらに、(4)80時間研修(技術と理念)を、アルバイトを含むすべてに従業員に行う。その際に必ずセンゲの学習する組織でいう「チーム対話」を中心にする。決して上から教え込むスタイルは取らず、本人の嗜好性や価値観を対話を通して引き出していく。(5)その成果として、個性発揮(自己表現)を特に店舗接客時に奨励する。日本人は和を重んじるが、チームプレイの中に個性発揮を奨励されたとき、目を輝かせて今まで表現したことのない自身の創造性や親切心を発揮する。和と個は本来矛盾せず、むしろお互いを高め合う。(6)とはいえ、常に理想の接客ができることはない。そこで店舗のリーダークラスはジュニアな人に是正(良い試みだね、でも今度はこうしてみるともっといいかも！というアドバイ

ス）と強化（とてもいいね！というポジティブフィードバック）を徹底する。（7）最後に、リーダーは次のリーダーを育成することで自分も昇格していくという後継者育成型昇進の制度を運用する。

7　現場でミッション（経営の目的）を実現する

これらのすべての現場オペレーションは、組織運営の体系としてスターバックスのミッション（経営の目的）と紐づけられている。店長はことあるごとに店舗パートナーたちと「それってスターバックスのミッションに合っているかな？」と相互確認する。そして「経営の目的」と「現場のオペレーション」のズレを自ら修正していく。

本部も、現場に任せきりにはしない。上述の手厚い研修制度や人事制度以外に、ミッション・レビューと呼ばれる独特の制度を運用する。ミッション・レビューは、高度なご意見箱のような制度であり、現場から経営に常に個別意見やアイデアを出せる。特に重要視されることが、現場オペレーションがミッションの実現になっているかであり、そうでないと感じる店舗パートナーは、率直なクレームを出せる。経営層はその内容を専門部門に解析させ、必要なフィードバックと是正措置に責任をもって取り組む。

組織は個人と集団の関係である。そして個人とは生身の人間である。仮面を被った機械ではない。個人のスキルを高めるだけでなく、外発的動機と内発的動機をバランスさせれば、組織という生き物は大きな力を発揮できる。経営層とミドルマネジメントと現場は、特に大きな組織や広域に点在するビジネスでは、距離感が広がってしまう。そのしわ寄せが一番来るのが現場オペレーションである。

とりわけ病院経営を含む「ピープルビジネス」においては、人間の特性をよく理解したオペレーションが何より大事である。人間は理性的であると同時に感情的な生き物だ。病院現場は、最先端医療という頭脳労働と、治療と看護という肉体労働の両面でたいへん高負荷な職場である。さらに人の命を預かるという意味で、高度な感情労働の現場でもある。特に患者の「生き死に」に関わる場面では、患者本人や家族等のむきだしの感情とも向き合わなければならない。

こういう職場では、経営層も、ミドルマネジメントも、現場も、ロジック（理性、合理性）だけでは仕事にならない。センス（感覚、感情）も大切にすることが肝要である。IQが高くても、EQが低いと、現場は荒れ、離職率が高まる。その問題を次に取り上げる。

9 組織を動かす④ ──ロジックとセンス

1 人間は理性(ロジック、IQモード)と感情(センス、EQモード)をもつ

　人間は理性をもつ。世界を冷静に客観的にとらえ合理的に説明できる。私たちは、世界を明晰な要素に分解し、それら要素の関係性について、観察し実験する。そして再現性のある法則を発見する。最終的に世界は1つの答えによって普遍的に説明できるようになる。普遍性のある法則や規則によって、世界は秩序立ち、統治可能となり、安定する。雷は神の怒りではなく、自然現象であると知る。そして電気をコントロールできるようになる。こうした科学の方法論を応用するテクノロジーを開発し、活用することで、豊かな物質文明を築ける。このように、人間にはロジック(論理)を操り世界を変えるインテリジェンス(知能)がある。

　同時に人間は感情をもつ。幼児は理性の武器である言葉を話す前に、感情の機微を理解し信頼を置く。センス(感覚)が鋭敏でエモーション(感情)が豊かなとき、私たちは、目の前の対象に共感的・主観的に近づく。深く関与し分け隔てのできない関係性に没入する。すると世界は、すべてつながる不思議な全体性として体感される。そこは混沌としているが、形のはっきりしないエネルギーの塊から、新しいものが次々と生まれる。世界は多様で、答えは1つではない。江戸時代初期の画家である俵屋宗達の風神雷神図屏風は、美しく勇ましく立ちはだかり、今この瞬間も、私たちの心の中に風と雷を起こしている。世界は単純な要素や法則には決して還元できない。個々の生命の無限の想像性・創造性・可能性が豊かな文化表現を生み、この世を豊かにする。

　人間がもつこの2つの側面は相反するものではない。理性を重視するIQモードは、感情の機微を回避しがちだが、感覚的なもの、身体的なエネルギーが、常に私たちに影響を与えている。非言語領域の感覚や感情を言語化できたとき、私たちは世界を理解したと考える。逆に感情を重視するEQモードは、科学的な厳密さや冷静さを軽視したり嫌ったりしがちだ。結果、自身の感覚や感情や体験を唯一無二ととらえ、迷信や錯誤に陥る危険がある。

　両利きの経営でいえば、IQモードは既知の領域を深掘りし習熟する「深化Exploitation」に向き、EQモードは未知の領域に越境し学習する「探索Exploration」に向く。2つのモードの両利きになることで、個人も組織も、卓越したオペレーションと大胆なイノベーショ

ンを両立できるようになる（図2 -10）。

2　仕事では理性（ロジック、IQモード）偏重となる

　では、私たちの多くは仕事において、どちらのモードを中心に働いているだろうか。圧倒的にIQモード、というのが多くの職場の実態であると思う。公式のピラミッド型タテ組織のガバナンス（統治）を効かせ、上司が部下を管理統制し、間違いが起きないようにする。ルールに基づきルーティンを繰り返す建前が強調され、そこから逸脱すると、叱責と排除を受ける。イノベーションを起こしたいと口ではいうが、イノベーションが意味する創造的破壊を恐れているので、実際にはイノベーションの種蒔きすらできない。

　仮にイノベーションは不要な職場である場合はどうか。安定したオペレーションを維持するのであればIQモードのみのほうがよいといえそうだが、実際には、問題が起きる。IQモードは感情の揺れ、心の機微を回避したい。建前どおり業務遂行すれば、最も効率よくことを進められると考える。しかし人間は感情をもち、心は常に揺れ動いている。建前としての業務だけで現場オペレーションを終始すると、建前と本音の分離が起きる。

　建前とは、正しいこと、法則やルールに則ったことであり、それを正しく遂行すれば、再現性のある成果が得られる様式や仕組みなのである。しかし生身の人間は、工場の自動

ロジックとセンス　　(1)認知心理学者ブルーナーが提唱した概念（J.S. Bruner 1986）

IQモード Paradigmatic Mode（1）	EQモード Narrative Mode（1）
① 理性・ロジックを重視する	① 感情・センスを活かす
② エビデンス（証拠）重視	② エピソード（逸話）重視
③ 再現性のある「理論」を導き出す	③ 多様な可能性を生む「物語」を紡ぐ

Exploitation
『深化』に向く
既知を深掘りし習熟し卓越する

Exploration
『探索』に向く
未知に挑み新しい世界を発見する

図2 -10　ロジック（理性、IQモード）とセンス（感情、EQモード）

機械のようには働けない。人間はきわめて柔軟で応用力があり、突発事項に対応できる。建前からはずれる不測の事態もカバーする。そういうことが頻繁に起きると、感情的には納得いかなくなり、不平・不満・弱音・諦めといった本音を隠しもつようになる。やがて建前の有効性が薄れ、本音との乖離が許容範囲を超える。モティベーションが下がり、チームプレイが弱くなり、生産性が下がる。小さなミスが重なり、事故も起きる。職場は荒れ、心身に不調をきたす者や離職する者も出る。現場責任者は管理強化で乗り越えようとするが、往々にして逆効果となる。

　こうしたIQモードの弱点に陥った職場は、EQモードを取り戻す必要がある。上司と部下といった役割関係をいったん解き、ひとりの人間同士として、フランクに向き合う場があるとよい。本当はどんな職場であってほしいのか、安心安全な環境があれば、本音を語り合えるようになる。最初はネガティブなトーンに終始するが、まずは本音に触れ、開示することが大事だ。他責が続くが、やがて誰も非難せず、自分の感情に触れる瞬間が来る。センゲが提唱する学習する組織のダイナミクスが、真摯な対話を通して、生まれる。

3　人間の知性で理性（IQ）と感情（EQ）を包摂する

　最も、理性（IQ）と感情（EQ）というふうに二項対立的に概念化することには、問題点もある。

　第1に、両者は相補的であり、1つの本質の2つの姿（態様）なのであるが、二項対立的にとらえると、一方が正しく（善）他方が間違っている（悪）と誤解する。第2に、上長が、両者の違いを正確に理解・洞察できず、誤解したまま（理性と感情の意味合いを混同したまま）、組織を管理すると、弊害が大きくなる。

　理性（IQ）を誤解すると、表層ロジックで物事をとらえ、記憶にある情報や経験に自動反応し、物事の本質を見逃す。また、エビデンスのないものを受け付けなくなるので、新しい可能性を取り逃す。逆に感情（EQ）を誤解すると、表層的な共感に流れ、チームの和やムードのみを重視する。物事の是非を冷静に見極める批判的思考を喪失する。その結果、眼前で起きていることを客観的に分析し、理性的判断を下す局面で適切な意思決定をせず、問題の先送りと悪化を招く。

　医療現場に関しては、EBM（Evidence-Based Medicine：科学的証拠に基づく医療）がIQモードであったと仮定した場合に、次第に「エビデンスだけでは治療決定できない」という認識が広がるようになった。時代も変わり、治療の限界を理解し、限られた医療資源を最適配分する方法が模索される中、VBM（Value-Based Medicineあるいは Value-Based Healthcare：患者一人ひとりの価値観すなわち死生観や人生観に会わせる医療）に移行している。IQに対してEQを丁寧に織り込んでいくアプローチといえる。

　理性（人間の合理性）の奥にあるものは、思考と感情と本能を包摂する総合的知性である。

医療現場は特に、総合的な人間力が問われる。表層のIQでなく表層のEQでもなく、医療人の理性と感情を統合する総合的知性が創発され、チーム力が高まる現場オペレーションの在り方を模索することが大切である。

4　ロジック×センスがイノベーションを起こす

ここで大事になるのが、学習の理解である。

学習とは、理性的な行為と思われがちだが、実際には深いところでEQ的なプロセスが同時進行する。それは本来の意味できわめて知性的な営為なのである。冷静さと共感の両立する知性的な対話を通して閉じていた心の蓋を開け、未知の領域に触れる。すると、想像もしなかった可能性や才能が自分の内側にあることに気づく。好奇心、探求心は、優れてEQ的である。私たちの本心（本当の心）は、本音の鏡面構造であり、ネガティブではなくポジティブだ。本当にしたいこと、本当に実現したいことを知っている。EQは私たちの本心を目覚めさせ、本気にさせる。学習は単なる知識の習得でなくなり、センスが導きロジックが支える営為となる。ロジックが主役のIQモードのときには無視していた領域に越境し、未知の探索と発見を繰り返す。ティースが提唱するダイナミック・ケイパビリティとは、EQモードが生き生きと活動している状態を指す。

現場のオペレーションでも、小さなイノベーションを積み重ねることが大事である。ルールに基づきルーティン（型)を精緻に繰り返すオーディナリー・ケイパビリティだけでは現場は疲弊していく。小集団の中で、あえてルールを少し逸脱し、ルーティンの縛りをほどいてみる。すると既知から未知への越境状態をつくれる。こうしたチーム対話とチーム学習の場づくりをし、小さな越境体験を繰り返すと、現場のイノベーションが創発されやすくなる。IQモードを少し緩め、心理的安全性を伴う場をもつことで、EQモードを発揮できるようになる。イノベーションには過ちや錯誤がつきものだ。それらはどれも失敗ではない。学習プロセスの小さな成果物である。学ぶことで私たちは成長する。チーム対話を通して、チーム学習が進み、現場オペレーションは改善する。

ロジックとセンスが手を取り合うためには、対等で平等な心理的関係が必要である。そうすれば、上司と部下の役割固定をほどき、内発的動機に基づくリーダーとフォロワーの関係に移行できる。それは、未知の世界を探索し新しい物語を一緒に紡ぐ関係である。上司も部下も、あらかじめ答えをもちあわせない。新しい可能性としての仮説が、両者の間にふっと現れる。それが物語である。

❿ 組織を動かす⑤ ──組織の大きな物語

1 リーダーはビジョンを掲げ、フォロワーはビジョンを磨く

「経営の目的」は、組織のオリジン・ミッション・ビジョンを明らかにし、その実現を目指すことである。言葉を変えれば、組織の大きな物語を紡ぎ、多くのステークホルダーと共有することである。そして有効性を失った古い物語(オールド・パラダイム)を、新しい物語(ニュー・パラダイム)にアップデートすることが、イノベーションである。製品レベル・業務レベル・経営レベル・社会レベルのイノベーションはそれぞれ、IQモードでロジカルに遂行することも可能ではある。しかしそれぞれのレベルを連携させ、経営の真の目的を達成するためには、組織の大きな物語を語り一緒に紡ぐEQモードのセンスと共感的ダイナミクスが不可欠だ。リーダーがビジョンを掲げ、フォロワーが共感し、一緒にビジョンを磨く組織は、持続的利益と社会の繁栄を実現できる。

しかし、物語は自動的には始まらない。普段私たちは、少々居心地が悪くても、馴染みがあるルーティンの中に閉じこもっているからだ。ところが、何らかの理由で自明の世界、欠落を抱えた日常世界から越境する者が現れる。そのとき物語が動き出す。経営者・経営実務者は危機感をもって越境するだけでなく、希望の火を掲げることが大事だ。それが人々のEQモードに響く。最初のフォロワーが現れたとき、勇気をもって越境した者はリーダーとなる。

2 リーダーとフォロワーは物語を一緒に紡ぐ

AGC(旧:旭硝子)は、リーダーとフォロワーが紡ぐ物語経営の優れた事例である。「起承転結」に則って紹介したい。

【起】ビジョンを掲げるストーリーテラーの登場

島村琢哉氏がCEOに就任した2015(平成27)年前後、AGCは、主力のディスプレイが競合激化で停滞し、祖業のガラス事業はコモディティ化していた。効率化の轍と成長ビジョンの欠如により、コスト削減ばかり優先されていた。社内は、責任追及と非難、リスク回避、やる気の喪失、失敗を恐れる雰囲気となっていた。

　島村氏が最初にしたことは、全社員にメールを送ることだった。そこにはこう書かれていた。

　　「リーダーはインスピレーションを与えるもの。リーダーの役割は全社員の心に火を灯すことである。」

　社員たちは何のことかわからず疑心暗鬼であった。しかし島村氏の思いに呼応する経営幹部が現れた。宮地伸二CFOが島村氏の掲げたビジョン（経営の目的）に共鳴し一緒に組織改革を進める決意をした。平井良典CTOがこれに続いた。CEO、CFO、CTOの3人は、信頼で結ばれたフラットな関係をつくった。やがて社員たちは3人を「トップ3」と呼ぶようになった（図2-11）。

　「トップ3」は、3つの優先事項を決めた。第1が全社ポートフォリオの見直し、第2にAGCの「経営の目的」の明確化、第3として、従業員のやる気向上を挙げた。

【承】社員を主役にする舞台プロデューサーの仕事

　島村氏は、「易きになじまず難につく」という創業者の精神（オリジン）を思い出した。開放的でチームワークとイノベーションを重視するのが本来のAGCではないか。社員がリスクを冒し、場合によって失敗することも許容するチャレンジャー精神が本来のカルチャーだ。チャレンジすれば失敗してもそこから貴重な学びを得られる。

図2-11　AGCのトップ3（CEO、CFO、CTO）

　島村氏たちは、社員を主役にする取り組みを開始した。上級管理職の全部長と合宿をし、率直な対話を繰り返した。同時に、10人の将来性高い中堅管理職2チームに「10年後のありたい姿」の策定を依頼した。さらに若手エンジニアに新しいアイデアを自由闊達に発表し合える「ゴングショー」を開催し、率先して参加した。そして全国・全世界の施設を巡り社員と対話するタウンホールミーティングを繰り返した。トップ3は、毎年50回以上工場等を訪問した。

　はじめはトップのメッセージを本気にしなかった社員たちも、次第に自分たちが主役なんだ、当事者として会社を変えられるのだと気づき、自律的に行動するようになった。島村氏が掲げた「社員が主役」というビジョンは、消え入りそうな小さな火だったが、数年経つうちに、野火のように全世界に広がっていった。

　全社員でイノベーションに向かうムーブメントを体感したチェコの社員がある日、AGCの新しいブランドステートメント「Your Dreams, Our Challenge」を発案した。島村氏たちトップ3はこれに「いいね！」をし、正式に社内外に発表した。このタイミングで社名もAGCに変更した。

　AGCは素材メーカーであり、B to Bのビジネスである。顧客は最終消費者にモノを届けるメーカーだ。彼らの夢を実現することが自分たちの使命である。社内から自分たちの存在理由、パーパス、経営の目的が、「Your Dreams, Our Challenge」というメッセージに言語化された。これは大きな転機であった。

【転】良い問いを発し耳を傾けるリーダー　深く受け止め自律的に動くフォロワー

　全社ポートフォリオの見直しを進めたトップ3は、中堅管理職2チームが出したプランを統合し「VISION 2025」として発表。既存事業と新規事業の役割を明確に分け、それぞれの事業ユニットの責任者たちが自律的に「経営の目的」に即した行動がとれるようにした。

　新規事業に適切な経営資源が傾斜配分されるように、年間50億円の研究開発費を用意し、想定成功率50％という経営指標を設定した。

　既存事業と新規事業とでは、社員に求められるスキルもモティベーションも違う。したがって、オーディナリー・ケイパビリティを中軸にする既存事業と、ダイナミック・ケイパビリティを発揮する新規事業は、仕事の進め方や組織文化も、それを支える組織機構（人事制度など）も分けたほうがよい。

　しかし、完全に分けてしまうと、別会社のようになってしまい、貴重な社内リソースを共有できなくなる。そこでAGCは既存事業の研究機関や工場のリソースと新規事業の現場をつなぐBDD（事業開拓部）という連携役をつくった。

　ディスプレイ事業にはキャッシュ・ジェネレーターという新しい役割が与えられ、成長プレッシャーから解放され、コモディティ化の落とし穴から抜け出し、卓越したオペレー

ションの効率性と品質に磨きをかけた。いっぽう新規事業の「モビリティ」「ライフサイエンス」「エレクトロニクス」は、それぞれに独自の目標とKPIを設定し、敏捷にダイナミックに動く探索活動を邁進した。

　リーダーがビジョンを掲げ、良い問いを社員に投げれば、社員はトップの深い思いを受け止め、自律的に新しい可能性を探索し、具体的な仮説を出す。新しいAGCの物語が大きく動き出した。

【結】衆知を集めて1人で決める

　2020年、AGCは創業者の精神を取り戻し、「Your Dreams, Our Challenge」の実現に邁進している。トップ3経営も機能し、企業文化の変革に弾みがついている。島村氏は自分に問いかけた。「我が社はこれからの100年後まで生き延びる準備はできているだろうか」

　その問いへの答えは、次世代が出すだろう。リーダーはビジョンを掲げ、そして人々の思いに耳を傾ける。AGCの社員は何をしたいのか。どこに向かいたいのか。衆知（集団の知恵）を集め、最後はリーダーが1人で決めないといけないタイミングが来る。

　島村氏は次のCEOを平井氏に託した。

3　経営者のミッション：社員が主役になれる舞台（ビジョンを実現する場）をつくる

　AGCのストーリーテリングは、経営トップが英雄になる物語ではない。社員を主役にする舞台を作り、自分は舞台の脇に立ち、社員たちのヒーローズ・ジャーニー（エンプロイー・ジャーニー）を鼓舞し応援した。そして彼らの苦労や失敗をねぎらい、可能性に期待を寄せ、成功の可能性を先んじて探った。

　こうしたリーダーの姿は、オーケストラの指揮者の役割に似る。楽譜というビジョンを共有し、楽団員の音が調和するようにまとめ上げる。オーケストラのハーモニーが実現したら、あとはその集合音をフォローする。同時に、リーダーは音楽が向かう半音先を常に聴いている。半音先にある理想の未来を、リーダーの指揮棒が示している。

　AGCの経営陣は、社員が実現する未来を予感し準備を怠らず、やるべきことを何年も地道に続けた。全社ポートフォリオ戦略を練り直し、ポジショニングとケイパビリティを明確にし、業績を回復させた。だが島村氏たちが一番変えたのは、AGCとは何者かという組織の大きな物語であった。

　AGCの物語は確かに興味深いが、病院経営とは事業モデルも規模も大きく異なる。そうではあっても、グローバルに5万人の社員が働くAGCのような会社でも、たった1人のリーダーが掲げる「経営の目的」への真剣なコミットメントから経営のイノベーションは始まる。それが本物であれば、数年のうちに、大きな変化が生まれる。AGCの事例は、

業界業種や組織規模の違いを超えて、私たちに勇気と希望を与えてくれる。

　経営のイノベーションは、組織の古い物語から新しい物語への脱皮を意味する。経営層とミドルマネジメントと現場が、同じビジョンを共有し、そのビジョンを実現する戦略を理解し、連携して動けば、自然に新しい組織の大きな物語が創発される。そうすれば、製品レベル・業務レベル・経営レベル・社会レベルのイノベーションが、ひとつながりのものとして展開し、「経営の目的」を実装していける。

　AGC物語の中に、病院経営では不可能というものは、実は１つもない。これは抜いてもいいだろう、というものもない。やり方は千差万別だが、物語の本質、起承転結の展開は、普遍的である。この困難な時代に病院経営に携わる者は、「病院や医療はこういうものだ」という自明の枠を超える物語や事例にぜひ耳を傾けてもらいたい。その小さな「越境」こそが、未知への旅立ちを意味し、閉塞した状況にイノベーションの新風を吹き込むきっかけとなるのである。

参考文献リスト

一橋大学イノベーション研究センター『イノベーション・マネジメント入門』（日本経済新聞 2001）

P.F.ドラッカー『イノベーションと企業家精神【エッセンシャル版】』（ダイヤモンド社 2015）

楠木建著『ストーリーとしての競争戦略』（東洋経済新報社 2010）

三谷宏治著『経営戦略全史』（ディスカバー・トゥエンティワン 2013）

山田英夫著『競争しない競争戦略─消耗戦から脱する3つの選択』（日本経済新聞出版社 2015）

野中郁次郎、他『ワイズカンパニー：知識創造から知識実践への新しいモデル』（東洋経済新報社 2020）

マイケル・タッシュマン、他『競争優位のイノベーション─組織変革と再生への実践ガイド』（ダイヤモンド社 1997）

ジム・コリンズ著『ビジョナリー・カンパニー2－飛躍の法則』（日経BP社 2001）

ピーター M センゲ著『学習する組織─システム思考で未来を創造する』（英治出版 2011）

梅本龍夫著『日本スターバックス物語──はじめて明かされる個性派集団の挑戦』（早川書房 2015）

植草徹也、他『BCG流病院経営戦略』（エルゼビア・ジャパン 2012）

ロバート・ケリー著『指導力革命─リーダーシップからフォロワーシップへ』（プレジデント社 1993）

ジェローム・ブルーナー『可能世界の心理』（みすず書房 1998）

加藤雅則、他『両利きの組織をつくる─大企業病を打破する「攻めと守りの経営」』（英治出版 2020）

小野善生「フォロワーシップの展開」関西大学商学論集　第58巻第1号（2013年6月）

Stanford Business School Case『AGC INC. IN 2019: "YOUR DREAMS, OUR CHALLENGE"』https://www.agc.com/news/detail/1200566_2148.html

TED動画「社会運動はどうやって起こすか」https://www.ted.com/talks/derek_sivers_how_to_start_a_movement?language=ja

確認問題

問題 1

経営を図るうえで、誤っているものはどれか、1つ選べ。

〔選択肢〕

①経営の目的は顧客の創造であり価値の創造である。

②経営＝戦略×組織なので、常にバランスをとり統合的に進めることが大事である。

③経営の課題を解決する有能なトラブルシューターが経営のかじ取りを行うべきである。

④タテの組織とヨコの組織を組み合わせることで、組織はレジリエンスをもつ。

⑤現代は物語経営がますます重要になっている。

解答 1　③

解説 1

トラブルシューターとは有能な「突貫工事請負人」のことである。どのような工事を行えばよいかといった課題やトラブルなどが明確なとき、それを効率よく解決できることは、組織運営の価値となる。しかし、現代の経営環境を俯瞰したとき、課題が明確であることのほうが少ない。たとえば「DXに乗り遅れている」という課題認識をもったとしても、それは表層レベルの技術課題でしかない。なぜDXが進まないのか、そもそもDXとは何を意味するのか、DXを通してどのような組織になりたいのか。こうした簡単に答えが出せない問いを問い続けることで、はじめて根源的なWHYが可視化される。WHYを掘り下げないまま、目に見えやすいWHATレベルのトラブルシューティングを繰り返し、流行りのHOWに飛びついても、問題の本質は解決しない。むしろ悪化していく。経営者・経営実務者は、トラブルシューティングの前に常に「WHYから始める」ことが何より重要である。

①経営に関する典型的誤解として、「経営の目的は利益を上げること」がある。利益（キャッシュ）の創出は経営の目的を達成した結果であり、さらなる目的の達成のための手段（燃料）である。今日の経営の目的は、社会と地球環境との共生を前提とした「パーパス経営」へと進化している。

②「組織は戦略に従う」という立場と「戦略は組織に従う」という2つの立場があるが、「戦略だけあればよい」あるいは「組織だけあればよい」は経営においては成立しない。戦略と組織は相補的であり統合的なものである。戦略軸として、全社ポートフォリオ戦略（事業の選択と集中のストーリー）を確定し、個別事業の競争戦略を策定する。並行して組織軸として、個別戦略と整合性のある組織の在り方（スキル、モティベーション、カルチャー、システム）を作り込むことで、持続的な価値創造が実現する。

④「上司と部下」の関係を前提としたタテの公式組織は、強固なピラミッド構造

となる。それは装置としての組織であり、ルールやルーティンに従って再現性のある業務遂行(オーディナリー・ケイパビリティ)を可能にする。しかしそこには、脆さや柔軟性の欠落という問題がある。「リーダーとフォロワー」の関係を前提としたヨコの非公式組織が編みこまれることで、生命的なレジリエンス(強靭さ、復元力)を獲得する。ヨコ型組織は、未知を探索するダイナミック・ケイパビリティをタテ型組織にもたらす。

⑤物語とは、一見関係のない要素や事象をつないで、一貫した意味をもつプロセスに仕立て上げる営みである。過去の実績や現在の経営環境を調査分析し、論理実証的に組み立てる経営計画のやり方だけでは、VUCA時代の経営のかじ取りは成立しない。そうした科学モード(ロジック重視、エビデンス重視、一義的な解による再現性重視)に対して、経営現場では軽視されがちな物語モード(センス重視、エピソード重視、多様な可能性重視)を活用するとよい。科学と物語の両モードをつなぐことで、可能世界(未知の付加価値創造の可能性)を現実世界に引き寄せることができる。物語経営は、科学モード×物語モードによる価値創造といえる。

第3章

財務：オペレーションを維持し
イノベーションを生み出す原資の捻出

1 減収増益モデル
2 管理会計と財務会計
3 増収と増益の違い
4 増収減益か減収増益か
5 病床のダウンサイジング
6 医療政策との整合性

減収増益モデル

1　はじめに——臨床現場と経営理念

　「第1章　イノベーション」と「第2章　経営」の理論的説明や事例は、あらゆる業種業態に応用可能なものであり、病院経営も例外ではない。ただし、どの業界にも特殊な背景事情や独自の制約条件が存在する。特に医療は人の命を扱うという特殊性があり、採算性との板挟みになる可能性が常にある。安全第一と利益増大の二律背反を抱える建設や公共交通などにも通じるテーマである。

　経営理論を応用する場合も、経営コンサルティング会社に経営診断と提言を依頼する際も、金融機関等の他業界から病院事務長を迎え入れるケースでも、注意点は同じである。一般解（あるいは他業界の解）と自業界の特殊事情の異同をよく把握し、経営の全体観をもって、ていねいに一般解を特殊解へ橋渡しすることである。

　たとえば、高額製剤の扱い、余命少ない高齢者の扱い、侵襲性の高い手術の扱いなどは、利益追求と倫理的判断の矛盾を高度に止揚する必要がある。病院経営に携わる者はすべからく、原価や効率、利益性といったビジネス的視点と、生命やQOLなど、高度な医療倫理的・社会福祉的視点の両眼で病院経営を複眼的に観ることが求められる。この姿勢があってはじめて、経営・管理に携わる者と、臨床・看護に携わる者とをつなぐ、建設的な関係が構築できる。

　一方で臨床現場の専門家もまた、地域医療の要となる病院経営という大きな器の不可欠な構成員であるという自覚が求められる。本書が「第1章 イノベーション」から始まっている理由に注目をいただきたい。イノベーションとは既知と既知が結合することで未知を生み出す営為である。医療現場の既知（常識・守りたい軸等）と、経営理論および他分野ビジネスにある既知（知恵・新しい試みの可能性等）を、組み合わせることで、病院経営に新結合＝イノベーションがもたらされる可能性がある。それは、患者、病院、地域社会のすべてのステークホルダーにとって、より望ましい持続性の高い経営環境を構築できる可能性でもある。

　そうした視点・視座を保ったうえで、病院経営、医療現場の特殊性として理解すべき必須事項がある。価格設定の自由度がないこと、保健医療制度のこと、医療に関わる法律・法制度、そして医療は最も重要な社会インフラの1つであり、医療サービスの質的・量的

維持がきわめて重要であること等は、常に意識する必要がある。同時に、病院経営が今まで軽視し、後回しにしてきた利益体質化に真正面から取り組まない限り、医療サービスの維持すら困難となる。

　自病院の経営理念に立ち戻り、それを時代の要請・社会の要請に合うようにアップデートし、未来の理想的医療を思い描き、そのビジョンを実現する戦略と組織を構築すること。こうした基本姿勢は、あらゆる経営に通底する使命である。あるべき病院経営のビジョンを打ち立て、骨格のしっかりした戦略を企図し、強い意思で実行すれば、理想の未来を引き寄せることが可能となる。それは簡単ではないばかりか、困難に満ちている。しかしそこに向けて病院関係者が一丸となって取り組むことは、真にやりがいと社会的意義に満ちた営為といえる。

2　日本の保険制度と社会的課題

　わが国の多くの病院は赤字という現実がある。その原因は、不可欠な社会インフラとして、採算度外視で地域住民に医療を提供していることと、十分な経営施策を実施してこなかったことの混交と考えられる。これに加えて、少子高齢化・人口減少という社会動態が大きく影響している。

　日本は1958（昭和33）年に国民健康保険法が制定され、1961（昭和36）年に「国民皆保険制度」が実現した。戦後の貧しい時代から復興を遂げる過程において、1956（昭和31）年の『厚生白書』から見るに国民の3分の1は公的保険制度に未加入であり、現在では考えられないような社会保険制度上の課題があった。国民皆保険制度は国民の受診の機会の均等化、誰でも質の高い医療を安価に受けられるなど、出産から高齢者医療までの提供が増え現在の長寿社会の実現にもつながっている。

　しかし近年、少子超高齢社会を迎え人口ボーナス型から人口オーナス型に変わり、この世界に誇るべき「国民皆保険制度」という社会保障制度の堅持が難しくなっている。いわゆる団塊の世代のすべてが後期高齢者となる2025年が近づき、2018（平成30）年度の医療費43兆円という数字からも今後の医療費の適正化は喫緊の課題となっている。

　医療費の引き下げは医療施設側の視点で考えれば、収入減になることから病院経営は難しくなる。一方で病院経営が脆弱であれば人員の確保や検査機器の更新などの投資が滞り、ますます経営基盤が弱体化する。経営破綻し病院が存続できなくなれば、医療提供が止まり、そこに住む住民にとっては医療崩壊であり重要な社会インフラを失うことになる。しかしながら病院経営には赤ひげマインドが求められ、医師もまた経営を学ぶ機会が乏しく経営問題が先送りされてきた現状がある。また、経営モデルとしても医療従事者の給与の抑制や、医療行為を増やすことでの増収、薬剤の購買価格交渉がほとんどであり、効率的かつ効果的であったとはいえない。本来は医療従事者の給与などにインセンティブを与え、

働きに応じた対価をもとにモチベーションアップを図り、また論理に基づいた利益率の向上とそれを達成するシステム構築による経営モデルであるべきである。

3 医療という統一価格での経済モデル

適切な経営モデルを明らかにするために、医療という経済モデルを考察する。国民皆保険制度において保険医療は価格の決まったサービスである。歳入歳出という国家予算の中で、医療費に充てる国民の税支出はある程度は予算化されている。また同じ病気で同じ治療方法あれば、どこに住んでいても、どの医療施設でも医療費は大きく違うことはない。全体のサービス金額が設定され、かつサービス定価が決められた経済モデルといえるだろう。この診療報酬制度では、保険医療機関や保険薬局が、保険医療サービスを提供したときに、対価として保険者から報酬を受け取れる。診療報酬は、技術やサービスの評価と物の価格評価であり、サービスを点数化（1点10円）して評価される。これらの一覧表が診療報酬点数表であり、保険請求にかかる要件を定めたルールと合わせて書面化されている。

完全に自費による医療提供（自由診療）や、差額の個室利用料などはあるものの、多くはこの医療保険制度によるものであり、技術やサービスでいえば約5,000項目、物の価格であれば17,000項目を超えて定義されている。このように膨大なサービス数と物の数に、複雑なルールが組み合わさった保険請求制度では、利益を最重視した医療行為の選択や、実施しただけ請求できるようなことができない構造になっている。一方で同じ診療行為を繰り返していても、保険点数評価が下げられれば一方的に診療報酬（病院収入）の減少につながる。

この診療報酬が医療機関にとっては医業収入のほとんどであることから、診療報酬評価の改定が直接経営に関わる。2年に1度の改定に病院は対策を迫られるが、現実的には実質的な価格改定であるから対処は難しい。また原則的に同じ治療であれば、どの施設でも同じ請求金額となり、病院規模（ハコ）や医師や看護師、その他の職員数（ヒト）、検査機器や薬品や備品の購入代（モノ）が違う場合でも、その実情が考慮されることがない価格体系といえる。

4 減収増益という考え方

このような複雑なルール下で同一診療同一報酬の保険医療制度での病院経営は、増患や可能な限りの診療行為を増やすことで診療報酬を増やし、直結して医業収入が増収してきた。これはヒト・モノ・ハコの実情が配慮されない保険請求制度では、それらを考慮するより、『「増収すれば増益する」であろうという収益モデル理論』が根拠なく考えられ、急性期病院がDPC制度に切り替わった頃には、出来高換算額と実際の請求金額を比較するこ

とが、利益対策の指標にされてきたことでもわかる。診療報酬が米国のDRGのように一律であれば、在院日数を短くしたほうが経営的には良く効率的な医療が求められる。そうなれば患者の需要数が同じであれば、病床を減少させ回転率を高めるような経営モデルが正しいと理解しやすい。しかし日本では在院日数に応じて病院は収入を得ることができる。病床稼働率を維持していれば何かしら収入がある。では、経過観察で単に入院しているときに得られる収入はどうなのか。果たして病院経営を維持するうえで十分な収入を得ているのだろうか。

そこで1病床当たりの収入と利益を考える。ある症例が100万円を請求し、手元に10万円が残る。違う症例は50万円を請求し、手元に20万円残る。同じ在院日数であれば後者のほうが減収しても増益している。どちらが病院経営に対して貢献するかは明らかである。

本章では、これまで支配的であった「増収増益モデル」に対して、医療経営における「減収増益モデル」はどのようなものなのか、それは実現可能なのか、どのように実現すべきなのかを考えていきたい。

医療における利益は、次の医療を提供するための原資である。本章では、社会保障制度の堅持や医療の機会均等、医療の質の向上につなげるための病院経営を盤石にするモデルを実例とともに述べる。

自由な価格設定と原価計算によりサービス価格を決定する企業経営モデルと比べ、自由度が低く異なる病院経営において増収とは何か、増益とは何かという整理を行いながら目指すべき収益モデル（減収増益モデル）について考えていく。

② 管理会計と財務会計

1　2つの会計

　収益モデルを考えるうえで必要なのは会計知識である。ただ病院経営改善に向けた活動であるから、単なる財務会計の知識や手法だけでは不足する。そもそも会計とは、その企業の経営状態などを正しく判断できるような、経済活動の記録や指標であり、ステークホルダーに対して正しくそれを伝えることである。財務会計はいわゆる財務諸表を用いて、株主や関係各社などのステークホルダーに経営状態を伝えるために作成される。とりわけ貸借対照表や損益計算書、キャッシュフローなどが注目される。経済活動や資金調達に大きく影響を与えることから、公正かつ内容の正しさが問われる。

　着目することは、財務会計は対外的に経営状態を表すものであり、内部に向けたものではない。つまり経営改善に対する資料ではなく、そこで働く者への指標とはなっていない。社内においての意思決定者(各部門の責任者)が、何かしら意思決定(経営上の責任を測定)をするときの判断には、財務会計ではなく管理会計が利用される。

2　階梯式とアメーバ式

　管理会計は社内での経営上の責任の測定やそれに基づく意思決定に使うことから、財務会計のような決まったフォーマットは存在しない。大事なことは管理会計から示された数字(指標)が自社の経済活動に活かされることである。一般的には予算管理、原価計算などが重要視され、製造業などでは古くから活用されてきた。とくに原価管理では部門間(補助部門を含む)の採算性を評価するために、階梯式によりコスト配賦する方法や、京セラから広まった、部門別原価計算方式が発展したアメーバ式管理手法が有名である。

　階梯式配賦は、製造工程においてＡ部門からＢ部門、Ｃ部門へと工程が流れるときに、ＡのコストをＢへ、さらにＣへと負担を求めていく方式で、それぞれの部門の負担割合を予め決めて計算されていく。こうした製造部門や補助部門は直接的な収入を生まないことから、コストセンターとして分類され、最終的な収入を生むプロフィットセンターが累積してコストを賄うことを前提にしている(図3-1)。

　アメーバ式管理会計手法も同じように工程があり、そこでの入りと出の生産性に着目し

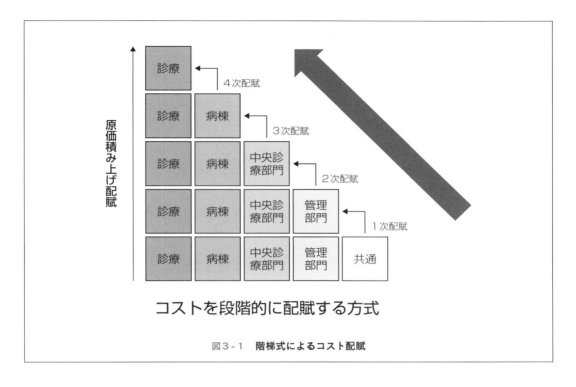

図3-1　階梯式によるコスト配賦

ている。つまりAからBに部門が移る場合、BはAから購入し、生産による付加価値をつけてCに売る。売った値段と購入した値段の差額でB部門のコストが十分に賄えるかが判断材料となる。階梯式との大きな違いは、すべてが社内プロフィットセンターであり、採算性が評価できることにある。自部門の採算性が判断できれば、かかる人件費などの経営改善に努力ができる（図3-2）。

　しかし、製造業などの一般的な経済活動で使われる管理会計手法をそのまま適応しようとすると、医療経営においては課題が生じる。たとえば製造業においては一定の歩留りが許される。つまり、一定の割合で発生する品質に問題ある製造物は廃棄物としてコストに予め算定できる。一方で医療においてはその概念は通用しない。患者の命に歩留りはなく、最後まで望む限り治療行為が行われる。また病院は複数の診療科や看護部門、検査部門、薬剤部門、事務部門などの部門があり、診療報酬を請求する流れはあるものの、治療という流れには決まったものがない。常に患者を中心に状態に合わせた行為が必要となり、製造業のような計算された効率的な順番が決まったラインは形成できない。

3　階梯式管理会計を導入したものの……

　たとえば、階梯式配賦を考える。診療報酬は点数となっている行為には請求ができるが、事務部門の組織維持に係る活動費用はともかく、患者への請求金額の計算、看護業務や薬

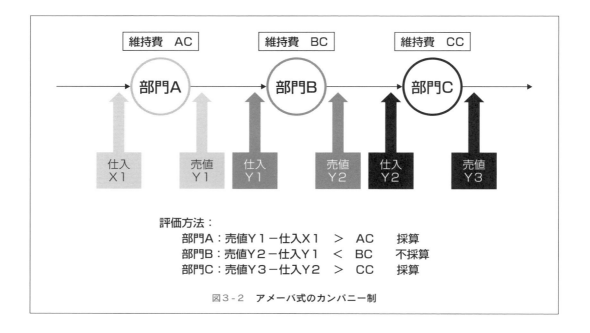

評価方法：
　部門A：売値Y１−仕入X１　＞　AC　　採算
　部門B：売値Y２−仕入Y１　＜　BC　　不採算
　部門C：売値Y３−仕入Y２　＞　CC　　採算

図3-2　アメーバ式のカンパニー制

剤業務のすべてが点数として請求できるわけではない。つまり事務部門や中央診療部門は収入が発生しないことから、いわゆるコストセンターとして考えることが妥当となる。そうなると誰がそのコストを負担するのか、「コストの按分」が課題となる。

　たとえば事務部門が仮に500万円／月、中央診療部門が1,000万円／月、看護部門1,500万円／月の人件費等のコストが発生しているとする。コストセンターに係るコスト計は3,000万円／月となる。ここで２つの診療科があるとする。A診療科もB診療科も同じ病床数を利用している。しかし売上はA診療科が2,000万円／月、B診療科が1,000万円／月だったとする。売上が多ければ検査や看護業務が比例して増えているとするならば、コストはA診療科とB診療科では、２：１とすることになる。A診療科は2,000万円、B診療科は1,000万円をそれぞれコストを負担することとなり、売上から負担コストを差し引くと共に０円となる。つまり同じ病床数を使いながら売上を倍にしても診療科の評価は同じになってしまう。これでは医業収入が倍あるA診療科は納得できるわけがない。つまり階梯式管理会計手法に熟知し、正しく原価計算（コスト按分）をしても、現場が経営改善に向けた活動を起こすには使えないということだ（図3-3）。

　実際にある大学病院で、コンサルティング会社が配賦（階梯式）形式による診療科評価を行い、先の例のA診療科に対するような評価をある診療料（外科）に行った。診療料（外科）はいくら手術をしても、売上が増えると実際の人件費やコストが増えていないのに赤字につながっているとされたわけである。その結果を受けて診療料（外科）は手術件数を減らした。当然、経営が一気に悪化し、そのコンサルティング会社は結果を残せず撤退した事例もある。また単に撤退というだけでなく、しばらくは病院全体で経営改善には消極的にな

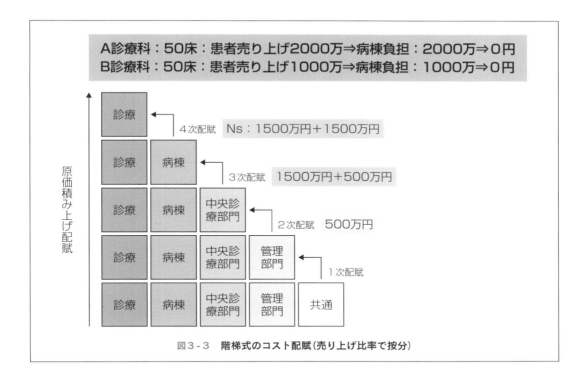

A診療科：50床：患者売り上げ2000万⇒病棟負担：2000万⇒0円
B診療科：50床：患者売り上げ1000万⇒病棟負担：1000万⇒0円

4次配賦　Ns：1500万円＋1500万円

3次配賦　1500万円＋500万円

2次配賦　500万円

1次配賦

図3-3　階梯式のコスト配賦（売り上げ比率で按分）

るという体質を作ってしまった。コストセンターのコスト按分には、その考えや取り扱いに十分な配慮が必要となるという事例である。

　外部専門家を活用することは、新しい知見や方法論などを得る機会であり、それ自体は排除すべきではない。適切な経験と知恵のある外部組織を選択する洞察力と、任せきりにせずチームを組み一体となって病院経営の改革プロジェクトを進める姿勢が何より肝要である。

　階梯式は、精緻な現場分析と業務フローの改革・改善をセットに考察し、施行する必要がある。形式的なルールを安易に適用すると、合理性を欠いたコスト按分となり、現場の実態から乖離する。そもそも中央診療部門のコストの妥当性があるのか、同じ病床数であるのに、看護業務などの負担が売上に比例するべきなのかなど、診療科が納得できる要素がなく、単純な階梯式管理会計手法を取り入れた経営改善は、臨床現場の理解が得られず成功が難しいということだ。また、このような経営評価に失敗があると、今後の改善に対する取り組みは難しくなる。逆に、よくデザインされた血の通った階梯式であれば、現場の業務フローや個々の取り組みの改革・改善を適切な方向に促すことが期待できる。

4　アメーバ式はどうなのか

　同じように有名な管理会計手法である、アメーバ式管理を取り入れた手法も、同様に医

療にはそのまま適応するには工夫が必要である。たとえば手術を必要とする症例では、多くはクリニカルパスが導入されている。製造業の工程管理のような一連の流れで作業管理（医療的処置管理）に使われることが多い。米国では先の階梯式とクリニカルパスと合わせてABM（Account Based Marketing）手法の管理会計が実施されてきた事例も多い。工程が標準化されればコスト管理がしやすいし、何より高品質につながる。しかし1症例としての全体の原価計算は成立するかもしれないが、それに関わった部門の採算性を考えるには、コストの按分は必要となる。それを解決するためにアメーバ式管理会計手法の考えを導入し、関わった部門単位の採算性を考えることは有効ともいえる。つまり検査部門が患者をいくらで仕入れ、検査を実施した状態で、いくらで売るという考えは成立する。

　しかしながら、すべての疾患が必ずしもクリニカルパスのように、治療行為を工程で表せるわけではなく、患者の状態に合わせて様々な部門の介入が行われる。様々な部門を行ったり来たりと、予期せぬ工程となることも多い。精緻な原価管理を目指し頻繁に行われる検査を毎回拾い、原価管理をしていては効率が悪すぎる。また状態に合わせたスポット的な検査が積み上がれば、その同じ病気で入院した患者にすべて同様にかかるということにもならない。さらに逆に検査をしない症例では検査機器のコスト負担をする必要性がないのか。また検査点数を積み上げても部門を成立させるほどの収入があるのかなど、その方針を決めるだけで机上の空論で終わってしまうことも懸念される。採算が取れずとも検査が必要であれば検査機器の導入をせざるをえないのが病院でもある。つまりアメーバ式管理会計を導入しても、それだけで成果を上げることは難しいということだ。

5　管理会計手法の必要性

　大事なのは管理会計手法を用いた経営改善である。同じ指標と評価で判断されなければ現場は混乱する。ただ管理会計は手法であり目的ではないから、選択する手法は自由である。医療という現場と自院の特性に合わせて柔軟に対応させればよい。繰り返すが、管理会計手法による病院経営の改善は必須である。特に臨床現場が納得して経営改善に臨める数字目標を提示しなければ、経営改善にはつながらない。いわゆる影響機能が必要となる。影響機能とは評価された指標を現場が納得し、無意識に改善するような行動をとるようなことである。

　もし仮に、アメーバ式管理会計手法を導入するのであれば、診療科を中心にした製造モデルを想定しながら、各部門に対して大枠でのコスト管理をすること。そして、すべての症例には活用されないが、病院機能としては必要な部門のコスト（たとえばすべての患者には不要だが、病院全体では必要と思われる検査機器など）をどのように負担すべきかを考える必要がある（図3-4）。そこで次のようなテナント式管理会計手法（アメーバ式と階梯式の中間的手法）の実例を紹介する（図3-5）。

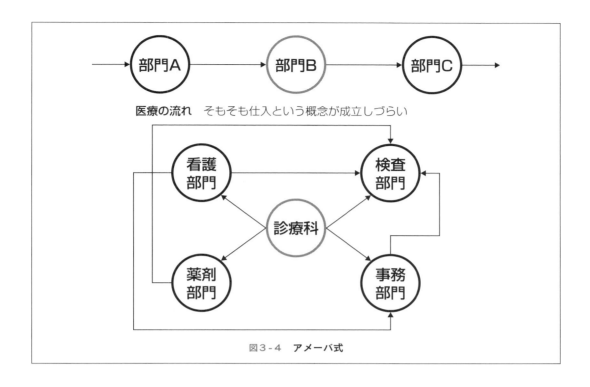

医療の流れ そもそも仕入という概念が成立しづらい

図3-4　アメーバ式

6　実例紹介──管理会計手法によるアプローチ

　診療科をプロフィットセンター、それ以外をコストセンターとする。各プロフィットセンターとコストセンターは所属する人件費や直接かかる経費の総計を算出する。たとえば放射線機器は月額リースや保守費があるならば、放射線科のコストとして積み上げる。一括購入したものであれば算定しない。これは精緻な原価管理ではなく、月毎の病院の収入と支出を比較するうえでは不要という考え方の例である。これは現在の資産や保有する現金などは評価していないことから、減価償却に関わることは対象としない考え方の例でもある。放射線技師や放射線科に所属する医師や看護師の人件費も算出する。次に方針として診療科が放射線機器を使わない症例でもコスト負担を求めることとする。また各プロフィットセンターとコストセンターの採算性はすべて評価できるようにする。

　プロフィットセンターである診療科は利用する病床数に応じてコストを按分する。つまり100床を利用するのであれば、病床稼働率や回転率に関係なく100床分のコストが按分される。たとえば放射線部門が500万円／月のコストが必要ならば、500床ある病院であれば、1床当たり1万円／月を放射線部門に支払う。100床の利用であれば100万円の負担をその診療科に求める。放射線部門は500万円の収入で実際に運営できるかが採算性の判断となる。放射線科のコストにはリース代が含まれているから、まったく利用されなかったとしても、リース代のコスト負担はされていることになる（図3-6）。

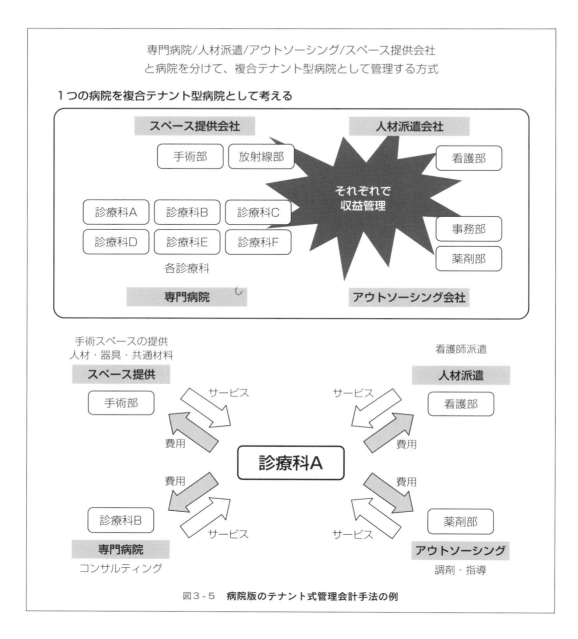

図3-5　病院版のテナント式管理会計手法の例

　また施設基準を前提に、100床あたり70人の看護師負担をするのであれば、70人分を看護部門から派遣をしてもらうと考える。これは看護部門を派遣会社として見立て、70人分の派遣料を診療科はコスト負担と考え、看護部門は収入と考えられる。看護部門は同様に他の診療科に看護師を派遣し収入を得ることができ、実際の雇用している人件費などと差し引いて採算性を計算することが可能となる。また、外科部門しか使わない手術部門のコストは外科部門の病床に負担を求める。手術室を使わないこと自体をコスト計上する評価となる。つまり一定の金額を負担しているのに、手術からの収入がなければ単なるコ

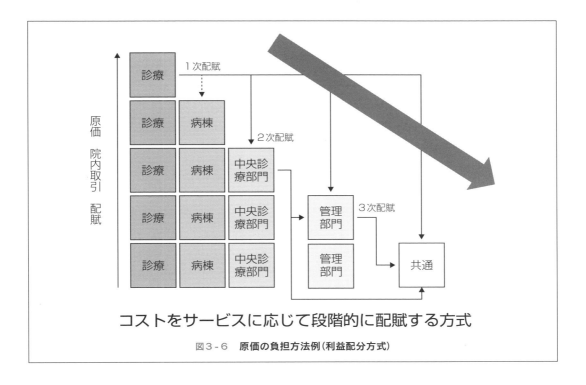

コストをサービスに応じて段階的に配賦する方式

図3-6　原価の負担方法例（利益配分方式）

スト負担のみとなってしまう管理手法である（図3-7）。

　こうして各コストセンターに対して利用する病床数に応じてコスト負担をプロフィット
センターは行う。各コストセンターは得られた収入から自部門のコストを差し引けば採算
性が判断できる。プロフィットセンターは症例に基づく収入を計上し、そこから各部門に
支払ったコストを差し引けば、採算性が判断できるようになる。もちろんこの各コストセ
ンターが設定する1床当たりの単価について議論が必要となるが、階梯式のように自らが
知らぬ間に課されているコストがないことから透明性がある。仮に負担できない（負担が
大きい）という事態になれば、資源（コストセンター）が過大なのか、診療報酬が伴わない
疾患（収入が足りない）を診ているのが原因なのか議論すべき点がわかる。つまり、改善策
を検討するポイントがわかることで、管理会計的手法は達成されることになる。なお図3
-8にあるKPIについては後述する（p.96参照）。

7　管理会計を使うということ

　この実例は唯一の正解例ではないものの、実践した国立大学病院では利益率が10%を
超えるなど成果につながっている。病院経営には何かしらの管理会計を使った経営分析は
必須ということである。中央診療部門や事務部門などのコストセンターも含めて採算性を
判断しなければ、唯一のプロフィットセンターである診療科の納得は得られない。とくに

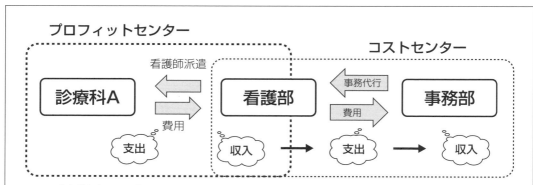

1. 非採算部門に収入が生まれる　⇒　収支計算が可能になる
2. 看護師を増員する時の試算が容易になる
3. 看護師の収支計算が不要（診療科）
4. 事務部門にも収入が生まれる（看護部門もコストセンターの負担ができる）

図3-7　**看護部門と事務部門の収入と診療科の支出の関係**

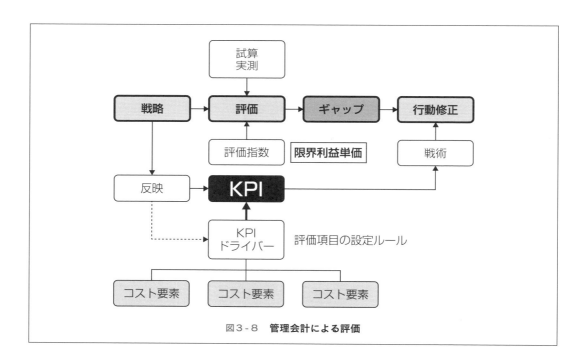

図3-8　**管理会計による評価**

　階梯式でコストを配賦するのであれば、診療科に割り当てるコスト割合には納得のいく説明が必要となる。医療は臨床現場が歩留りのない中で、人の命を扱うわけであるから、臨床側の理解が得られなければ経営改善の取り組みは絶対に達成できない。1円単位で正確な原価計算だけでは何も解決しないということである。

　逆に、適切な方向への業務改革・改善を促す考え方がデザインされていることで、収益機会の創出を促せる。たとえば、本来は利用しないことがコストになるような検査機器、手術室などがある。こうした"管理が難しいコスト"は管理させるコストというより、"意識させないコスト"として負担させて評価させることも大事である。また各コストセンターを独立させた部門として扱ったが、実際は過去の実績などや病院収入から一定の係るコスト設定は導くこともできる。予算を与えて予算内でコストセンターが運営できれば、病院経営としては収入対策をプロフィットセンターだけに向けられる。このように臨床側で管理できるコストとできないコストに分けつつ、全体では網羅した管理手法が望ましいといえよう。

　また医療を提供する資源は放射線機器であれ、検査技師や薬剤師などの人件費などは利用の有無にかかわらず発生する。利用した症例のみでコスト負担を考えれば、利用した人数に応じて原価負担額が変わる事態になる。それでは月の疾病割合に左右されて原価計算がなされ、症例における原価特性を表さないことになる。たまたまの結果で、ある疾患はコストがかかるという結論になり、臨床現場に還元すれば間違った臨床対応に発展しかねない。ならば、利用しなくても発生するコストは安定的に負担できる按分方法が必要となる（図３-９）。

　こうした医療特性を鑑みて病床に応じてコスト負担をする方法を実例として紹介した。これが唯一の解決策であり、最も優れた方法とは断言できない。しかしながら、上記のように現場の納得感が得られるような手法を何かしら用いて、わかりやすい指標を臨床側に提示し、影響機能を与えることが、経営改善につながるということは断言できる。

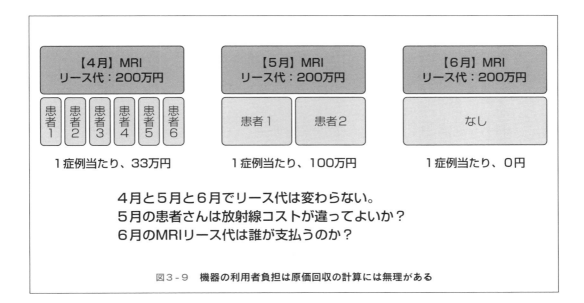

図３-９　機器の利用者負担は原価回収の計算には無理がある

③ 増収と増益の違い

1　何を基準に赤字というべきか

　病院経営は単純に利益を追求するだけではすまない。地方都市で唯一の病院であれば、採算性よりもライフラインとしての役割が強く求められる。しかし、経営破綻の危機で民営化による生き残りを目指す自治体病院や、合併・統合によって生き残りを目指す病院も少なくない。少子超高齢社会において医療需要が増えても、支えるだけの税収入がなければ自治体病院といえども経営を維持するのは難しい現実がある。ましてや民間病院であれば、より経営は厳しくなるだろう。

　まず、病院経営における「赤字」とは何か、「黒字」とは何か、をしっかり定義する必要がある。もちろん税金による何某かの補助金等の医業収入外によるもので、財務会計上は黒字となる病院もあるだろう。しかし、ここでは自立的に病院経営が成立するかしないかを注視する。まずは単純に、毎月の医業収入から支出を引いた額が、プラスかマイナスかで判断するならば理解は早いだろう。

　次の3つの症例を考える。請求金額はAが100万円、Bが50万円、Cが30万円とした場合、病院経営にはA＞B＞Cの順で好ましいと考えられる。次にAにかかった薬剤費や材料費が80万円、Bが25万円、Cが3万円とする。それぞれの手元に残る金額は、Aが20万円、Bが25万円、Cが27万円となる。この場合、病院経営にはC＞B＞Aの順で好ましいと考えられる。では次にAは2週間、Bは3週間、Cは4週間の在院日数だったとする。この場合、仮に同じ疾患の患者が入院するとしたら、Aは4週間で20万×2＝40万円の利益。Bは4週間で25万×4/3＝約33万円の利益、Cは27万円のままとなる。この場合はまた、病院経営にはA＞B＞Cの順で好ましいと考えられる。

　この例で考えることは、利益率が高いから低いからといって、単純に病院経営に貢献しているとはいえないこと。また一定の期間でどのくらいの収入が得られるかを考えなければ採算性は判断できないということである（図3-10）。

利益　＝　売上高　－　費用			…式1
利益　＝　（売上高－変動費）　－　固定費			…式2
利益　＝　限界利益　－　固定費			…式3

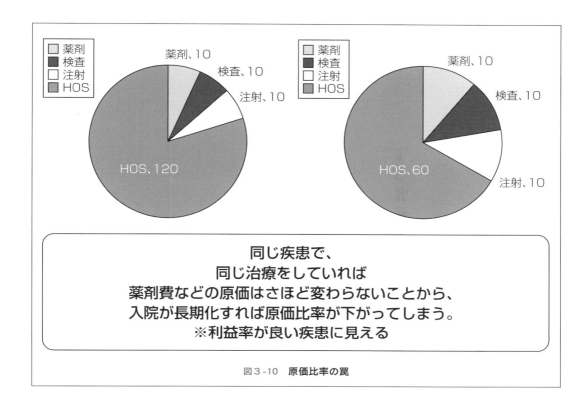

図3-10　原価比率の罠

　式１〜式３と３つの式を挙げた。どれも利益を求める式である。式１は利益の単純な表現である。次に式２で売上に応じて増える費用があることから、変動費と固定費に費用を分解した。医療においては患者や在院日数が増えれば薬剤費などが増える。それが変動費といえよう。次に固定費は医師や看護師など病院で働く人件費などが相当する。本来は残業代や期間工に応じて変動する要素があるが、医療では施設基準があることから、その変動性は無視できるとしている。残業代も年平均で算出して本来の給与に加算するようなイメージである。

　この売上高から変動費を引いたものが限界利益、または貢献利益といわれるものとなる。人件費など固定費が０円であれば最大の利益となる数値である。医療でいえば、ある症例において請求した金額が売上高、そこで使用した材料や薬剤費用、食事代などが変動費になる。

　急性期病院でのDPC制度では図３-11のような式となる。限界利益を計算する場合は、大体の数字がわかればよいので、薬剤費などは保険点数を代用して計算することで、必ずしも購入単価で計算する必要性はない。

　この限界利益から固定費を差し引けば利益が求められる（図３-12）。もちろんこの利益から営業等に係る経費など、差し引いていない費用を引いたものが最終利益となるが、本項では管理会計手法を用いた基本的な説明であるから、そこまでは求めていない。

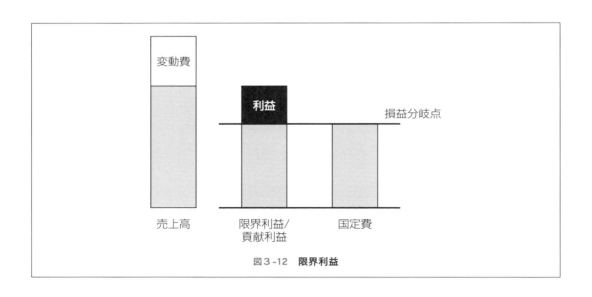

ホスピタリーフィー的なもの
入院料、看護料、検査料、
薬剤料等が包括評価
（病名・処置及び在院日数に規定される）

ドクターフィー的なもの
手術料、特殊な検査料、
償還価格のある医療材料、
高度なリハビリ料等

収支＝DPC収入（包括算定分＋出来高算定分）
－費用（固定費＋変動費）

診療の有無に関わらず生じる費用
人件費、中央部門経費、減価償却費、
光熱水道料、施設維持管理費、
事務管理費、長期債務償還費等

診療によって生じる費用
すべての医療材料費、
薬剤費、検査に関わる費用等

図3-11　DPC病院の場合の計算イメージ

図3-12　限界利益

2　増収と増益の違い

　本項は増収と利益の違いを理解することが目的である。図3-13の症例は同じ在院日数で退院すれば、新たに患者が同じ疾患で入院するとする。この場合、左に示した症例のほうは請求金額が大きくなり、いわゆる増収という状態になる。右の症例は左に比べて請求

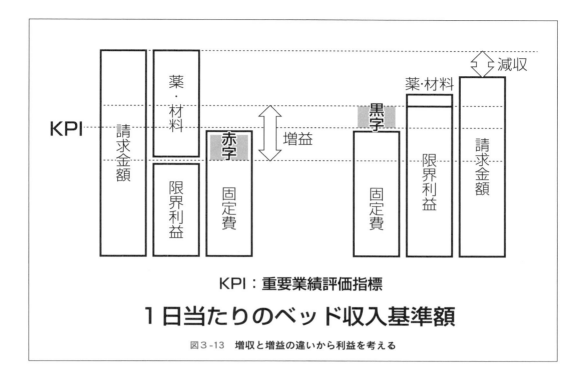

KPI：重要業績評価指標

１日当たりのベッド収入基準額

図3-13　増収と増益の違いから利益を考える

金額低くなることから減収ということになるだろう。一方で変動費が大きくなり、限界利益は逆転する。右の症例のほうが大きくなることがわかる。KPI（重要業績評価指標）を式：利益＝限界利益―固定費の固定費を基準として考える。そうなれば利益は左の症例では不採算（赤字）、右の症例は採算（黒字）となることがわかる。そして、右の症例は増益ということになる。さらにいえば、減収増益ということになる。

　次項でこの関係性をもう少し詳細に詰めて考えていく。

増収減益か減収増益か

1　単位時間での収入

　増収や増益を医療で考える場合、入院症例を考えるのが一番わかりやすい。どんな疾患であっても一般病棟では１病床に１人しか入院できない。つまり１日当たりの病床収入が基準となる。逆を言えば１日当たりにどれくらいの収入があり、支出があるかということだ。こうした時間単位で考えれば高いほうがよいように見える。

　たとえば１着３万8,000円もするスーツが、２着購入すると２着目は半額の１万9,000円というサービスを見たことはないだろうか。この原価計算を考えると、増収減益と減収増益が見えてくる。

　３万8,000円のスーツの原価は、製造に5,700円（７％程度）、人件費で10,260円（３割弱）、店舗などの固定費に18,240円（50％弱）とする。まず２着を同時に売るということの原価を考える。製造や固定費には影響がない。関係するのは人件費になる。つまり、２回に分けて販売すれば接客に倍の時間を取られることになる。そこで図３-14を示す。

　販売価格はスーツを２回に分けて販売すれば、７万6,000円であるから増収する。しか

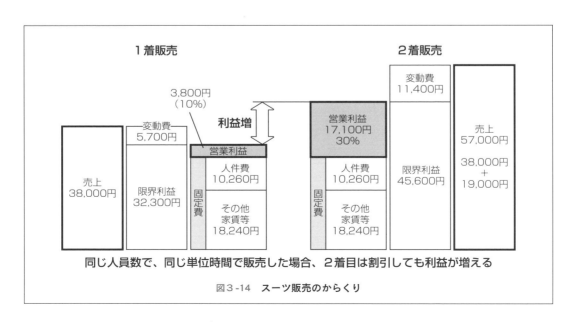

同じ人員数で、同じ単位時間で販売した場合、２着目は割引しても利益が増える

図3-14　スーツ販売のからくり

し右側の図にあるとおり、営業利益は1回1着当たりは3,800円であるから、2倍しても7,600円と左側の図の17,100円には届かない。つまり減収するが増益することになる。言い換えれば、一定の時間に高い商品を売ったほうが利益は上がることになる。つまり増益となり、利益が多いほうが会社経営は盤石なものとなる。

では、医療サービスのように定価ともいえる点数設定がされている場合はどうであろう。外来などは別にして、病院経営の多くは入院症例が占める。その入院症例においては必ず病床を使うことになる。言い換えれば病床の1か月に得る利益が増えれば同様な考えが成立する（図3-15）。

ここで仮に10床の病棟がある。この病棟には1か月1,000万円の固定費がかかるとする。1,000万円を下回れば不採算ということになる。そこで1か月を30日として考える。病床稼働率が90％であれば、1,000万円÷9病床＝112万円／病床、30日で割ると1日当たり、1病床が3万7,330円の限界利益があれば黒字となる。同じように稼働率が50％であれば、6万6,666円の限界利益が必要となる（図3-16）。

2 KPI：重要業績評価指標

つまり、病床の1日当たりの単価が1日当たりの費用負担額を下回らなければ採算性のある状況といえる。逆をいえば、いくら病床稼働率が90％であっても1日当たりの貢献

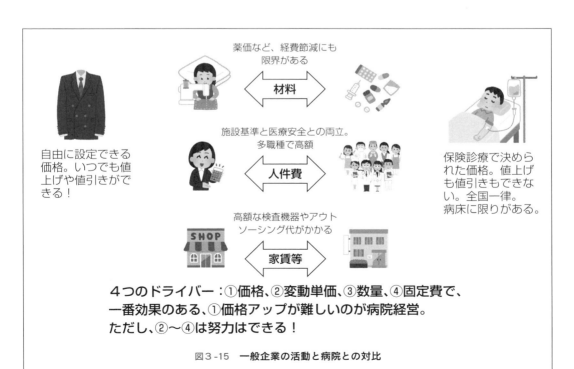

薬価など、経費節減にも限界がある

材料

施設基準と医療安全との両立。多職種で高額

人件費

高額な検査機器やアウトソーシング代がかかる

家賃等

自由に設定できる価格。いつでも値上げや値引きができる！

保険診療で決められた価格。値上げも値引きもできない。全国一律。病床に限りがある。

４つのドライバー：①価格、②変動単価、③数量、④固定費で、一番効果のある、①価格アップが難しいのが病院経営。ただし、②～④は努力はできる！

図3-15　一般企業の活動と病院との対比

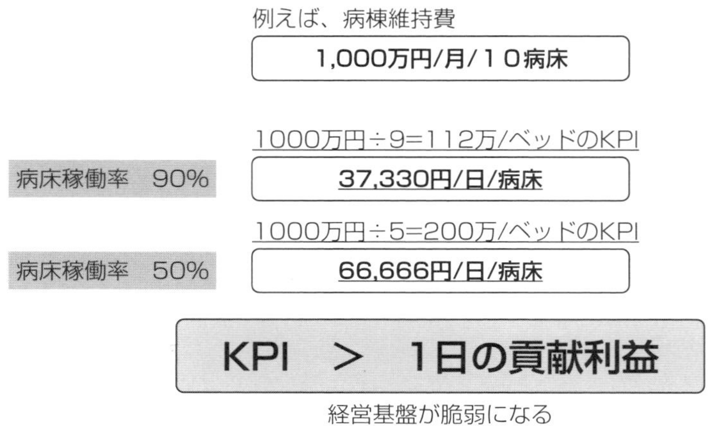

例えば、病棟維持費

1,000万円/月/10病床

1000万円÷9＝112万/ベッドのKPI

病床稼働率　90%

37,330円/日/病床

1000万円÷5＝200万/ベッドのKPI

病床稼働率　50%

66,666円/日/病床

KPI　＞　1日の貢献利益

経営基盤が脆弱になる

図3-16　貢献利益と目標

利益が目標単価を下回れば不採算となり経営上はよろしくない。このように1日当たりの単価とすることで、前項のような症例を考える場合にも何が最も望ましいかが整理できる。

　ここでKPIを考える。KPIとはKey Performance Indicatorの略で「重要業績評価指標」と呼ばれる。図3-16でいえば1日当たりの目標単価となる。KPIと1日当たりの貢献利益を比較して、下回れば不採算となることがわかる（図3-17）。言い換えれば経営改善が必要ということになる。

3　KPIを向上させるドライバー

　KPIを改善しようと考えると、図3-18のような4つの変数（ドライバー）に分けられる。

　当然、利益を上げる＝限界利益（貢献利益）を上げることが経営上は好ましい。その要素は①価格を上げる、②変動単価を下げる、③数量を増やす、④固定費を下げる、ということになる。では何に着目していけばよいのだろうか。試算表（表3-1）がある。現状欄のような変動費比率などであることが前提であるが、概ね一般的にはこのような試算になると考えられる。

　表3-1のとおり、病床数を増やす（数量アップする）ことが最も効果が少ない。また現実論的にも難しいことがわかるだろう。次に薬剤費などの変動費をカットしても期待するほどの効果は出ないこともわかる。薬価が決まっていることから、10%カットすること自体が非現実的なところがある。固定費のカットは、人件費のカットや検査機器の更新を見送るということになるが、その場合、現場のモティベーションの低下など、負のスパイラルを起こしかねないリスクがある。また、現場の人数を削減するにおいても安全な医療

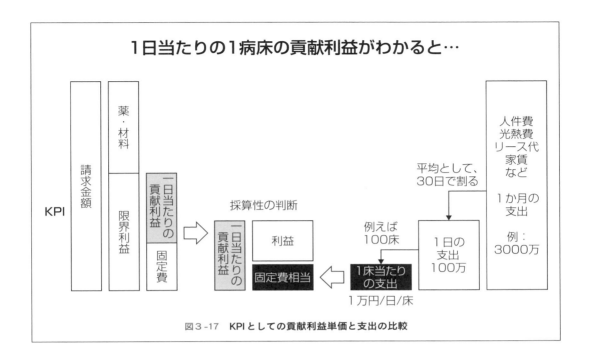

1日当たりの1病床の貢献利益がわかると…

図3-17　KPIとしての貢献利益単価と支出の比較

KPIを決める要素

利益　＝　売上高　－　費用

利益　＝　（売上高－変動費）－　固定費

利益　＝　限界利益　－　固定費

利益　＝　（価格　－　変動単価）×　数量　－　固定費

4つの変数：
①価格、②変動単価、③数量、④固定費

図3-18　KPIドライバー

を提供できることが前提であるし、施設基準を満たしていることが前提になることから、現実的には医療においては厳しい面がある。

　最後に残るのは請求金額の10％アップである。もちろん変動費が比例して上がれば試算のとおりにはいかないが、現実的にさほど変わらないことが多いので、4つのドライバー（変数）を比較するために、ここでは同じ変動費としている。この場合が最も効果があり、180％の利益増が期待できる。言い換えれば症例数を減らしても増益する可能性があるこ

表3-1　試算表

		請求金額 10%アップ 同じ変動費で 請求金額が多い	変動費を 10%カット 同じ請求金額で 変動費が低い	数量が 10%アップ 症例数の増で 利用病床数も増加	固定費を 10%カット 人件費をカットし、 同じ症例数の場合
請求金額合計	24,000,000	26,400,000	24,000,000	26,400,000	24,000,000
変動費合計	9,000,000	9,000,000	8,100,000	9,900,000	9,000,000
症例数（限界あり）	30	30	30	33	30
固定費の合計	12,000,000	12,000,000	12,000,000	13,200,000	10,800,000
営業利益	3,000,000	5,400,000	3,900,000	3,300,000	4,200,000
		180%	130%	110%	140%

1症例、在院日数10日、病床を延べとして固定費を按分
※17症例で利益は306万円。ただしダウンサイジングが他の症例での補填が前提

とがわかる。

4　症例数は減っても利益が増える

　ここで先の請求金額が10%上がった場合の試算を示す（表3-2）。症例数が減っていることから減収となる。しかし、利益は症例数が20%マイナスとなっても増加している。つまり、病床で診ている疾患が役割に応じた（言い換えればKPIに相応しい）診療単価が得られるものであれば、症例数はマイナスになっても利益が上がるということがわかる。これが減収増益モデルの基礎理論となる。

　もちろん、医療においては同じ疾患症例から10%の請求を上げることは難しい。この理論は病床当たりということがポイントとなる。つまり、緊急加算が算定できるような症例やリハビリなどの出来高算定で単価を上げることはできるが、そもそも点数が高く設定されている急性期疾患を診るといった役割に絞り、病床当たりの単価を10%上げることが重要となる。また単価が下がった入院期間ではケアミックス病棟を使うなど、きちんとした病状に合わせた病床管理が重要ともいえる。

　では、実際はKPIを下回る症例は診ないほうがよいのかということになる。そこで次に限界利益とKPI（利益）の関係性を示す。不採算の症例は中長期的に診ないほうがよいことはわかる。しかし短期的に病床が空きとなるのであれば、病床稼働率の低下となることから、KPIの単価は上がっていくことで不採算症例が増えてしまう。つまり短期的には空き病床がないほうが当然ながらよいことになる（図3-19）。

　そこで次項はダウンサイジングという病床縮小がよいのか、その検討を考えていく。

表3-2　症例数と請求金額のアップ

請求金額が10%アップした場合と数量変化

	通常請求額	症例数　-10%	症例数　-20%
症例数	30	27	21
営業利益	3,000,000	4,860,000	3,780,000
差額		1,860,000	780,000

1症例、在院日数10日、病床を延べとして固定費を按分

※17症例で利益は306万円。ただしダウンサイジングが他の症例での補填が前提

	A疾患	B疾患	C疾患	合計
売上高	300	300	**300**	900
変動費	-150	-195	**-255**	-600
貢献利益	150	105	**45**	300
固定費	-75	-75	**-75**	-225
利益	75	30	(-30)	75

┈▶ 不採算

不採算の疾患は止めよう！

	A疾患	B疾患	~~C疾患~~	合計
売上高	300	**300**	300	600
変動費	-150	**-195**	-255	-345
貢献利益	150	**105**	45	255
固定費	-112.5	-112.5	-75	-225
利益	37.5	(-7.5)	-30	30

┈▶ 不採算

	A疾患	~~B疾患~~	~~C疾患~~	合計
売上高	**300**	300	300	600
変動費	**-150**	-195	-255	-345
貢献利益	**150**	105	45	255
固定費	**-225**	-112.5	-75	-225
利益	(-75)	-7.5	-30	30

┈▶ 気が付いたら全部不採算

図3-19　短期的に空病床はよくない

5　病床のダウンサイジング

1　症例が減少するということ

　貢献利益の向上は医療点数が高い疾患を診ることである（図3-20）。たとえば手術が伴うものや、DPC病院でいえばホスピタルフィーが高い疾患である。また差額病床代やリハビリ、管理料が出来高として算定できる症例が貢献利益を上げることができる。算定漏れの重点チェックも効果が期待できる。しかし、短期的には効果を上げても中長期的に見れば必ずしも良い戦略とはいえない。これまで経営改善に取り組んでこなかったことの、短期的効果を得ているだけであるといえるからだ。KPIを下回る疾患やギリギリの疾患で、管理料などで一時的に単価を上げても限界がある。診療報酬改定がマイナスになれば終わりである。

　では、中長期的にはどのような戦略を立てるべきであろうか。ヒントは米国にある。米国では1983年に導入されたDRG/PPS（Diagnosis Related Group/Prospective Payment System：診断群別定額支払い方式）がある。DRGは入院1件当たり定額支払い方式である。メイヨークリニックは2,000床近くあった病床を半減させている。これは1入院当たりの収入が決められたことで、KPIを下回る症例をどのように対応したかという事例である。在院日数を短縮すれば、1症例当たりの金額が決まっていることから単価は当然上がる。

病床での疾患の割合
役割に応じた特化

	Ａ疾患	Ｂ疾患	Ｃ疾患	合計
売上高	300	300	300	900
変動費	-150	-195	-255	-600
貢献利益	150	105	45	300
固定費	-75	-75	-75	-225
利益	75	30	-30	75

現在		将来
A		A
B	➡	A
B		A
C		B
C		B

病床数は同じとした場合

図3-20　各疾患の利益

つまり、KPIを下回らない在院日数で退院させればよいことになる。また、それを下回る場合は他の固定費が低い病院が診ればよいという役割分担の促進ともいえる。つまり中長期的には自院の役割を見据え、地域需要と合わせながら病床削減、つまりダウンサイジングも含めた変革が必要かつ可能ということである。

2 持続可能な病院経営の決め手はダウンサイジング

1日当たりの単価を管理することで、役割分担や在院日数が明確になり、減収増益による黒字経営が可能となる。また症例数が減っても経営が成立する。これはダウンサイジングであり、病床が少なくなることにより、医師や看護師の数を減らしても臨床現場は破綻しない。むしろ難しい症例(単価が高い症例)が集まることで、医師の技術的モティベーションや報酬という面で、正のスパイラルが生まれることも期待できる。日本では2025年問題もあり、2030年以降には医療需要も減ることが予測されている。それを視野に入れる必要もあることから、病院の持続可能性を高めるために、中長期的には病床削減(ダウンサイジング)を現実的な選択肢として考えるべきである。また、厚生労働省も病床削減の方針は示しており、各都道府県において急性期の病床数の適正化を示している。こうした戦略に基づく中長期的な視座を意識した経営の体質改善が求められる時代になっている。

3 体質改善をどのように達成するか──ABCD分析

ではDRGではなくDPCの日本においてはどのような中長期的戦略を見据えるべきか。それは自らの病院が現実的にどのような役割を担っているのか、実際に診ている疾患はそれに応じているのかを考える必要がある。次に1つの事例を挙げる。

図3-21はある診療科の年間を通しての症例を分析したものである。2軸による簡易的な医療版PPM分析となる。本来は市場の成長率と占有率で表現するのであるが、今回は1つの病院での占有率と成長率を貢献利益単価と見立てて表現している。つまりX軸にはDPCコードが症例数順に並んでいる。多いほど占有率が高い。Y軸は貢献利益の積み上げとかかった費用を積み上げている。折れ線グラフは貢献利益の単価となる。単価と累積単価を組み合わせることで、売上における占有率が推測できることと、単価が上がった場合の効果も認識しやすい。

この結果をABCDにゾーニングする(図3-22)。X軸に平行な線はKPIを示している。Y軸に平行な線は月に1症例以上ある疾患を示している。つまり左に行くほど症例が多い。

Aは貢献利益単価も高く、症例数も多く経営的には貢献している疾患群。いわば病院の設備投資に見合う症例群といえる。当然のこと、診療科には現状の維持を提示する。B群は診療単価が低いが症例数が多い。このB群に分類される症例は早急に対策を打つべきで

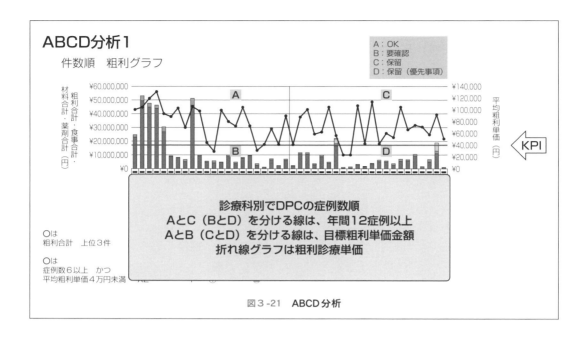

図3-21　ABCD分析

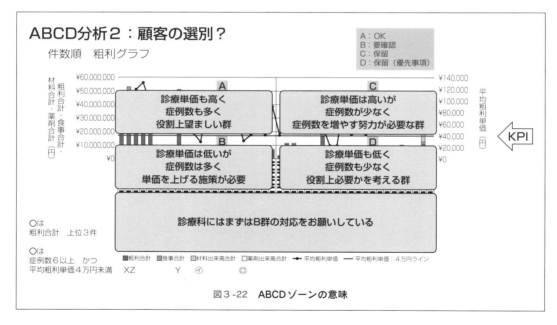

図3-22　ABCDゾーンの意味

ある。在院日数の短縮や、例外的に診療単価が低くなる症例などがないか分析し、臨床側に伝え改善を迫るべきである。B群は短期的な経営改善対象といえるだろう。

　C群とD群が中長期的な戦略対象となる。まずC群は診療単価が高い。症例数を増やすことが望まれる。分析としてはなぜ症例数が集まらないのか、地域でどの程度需要があるのかを調査し、紹介症例を増やすなどの努力が必要となる。次にD群である。診療単価も

低く、症例数も少ない。地域で一定数の需要がある症例で、当該病院でなければ資源的にも医療提供が難しい場合は、社会的役割として不採算であろうと応じるべきである。しかしながら、他の資源が少ない病院でも十分に対応可能であれば、役割分断を進めて地域での連携を進めるべきであろう。病院経営は、地域内の病院同士の競争よりも、互いに特徴・優位性の「違い」を積極的に認め合い、役割分担と域内連携を強化することで、社会的責任と経営の安定化を両立できる可能性が高まる。

こうした診療単価とKPIをもとに短期・中期・長期といった経営体質＝診るべき疾患群を地域内で役割分担し、病院ごとの「違い」を明確に打ち出すことは、病院のブランディングにつながる。そして複数の優れたブランド（特徴の明瞭な病院）が地域内ポートフォリオを組み積極的に連携できれば、それは優れた地域ブランディングにつながる。

4 社会的意義による導入の是非

最後に放射線機器の導入の是非を考える事例を示す。体外照射などの放射線治療は導入する上で大規模な投資が必要となる。このような大型投資の場合、出来高請求できるのか、期待できる件数があるのかが着目される。たとえば、リース代が100万円／月で出来高請求（仮に1回5万円）できるとした場合、見込みで20症例あればリース代は支払うことができる。20症例に対応する技師などの人件費を考えれば、実際はさらに件数を重ねる必要性がある。

図3-23にあるとおり、放射線治療を実施する症例の貢献利益の単価は3万5,000円が

MDC6	MDC6名称	件数	貢献利益
03001x	頭頸部悪性腫瘍	42	35,900
100020	甲状腺悪性腫瘍	1	47,600
070040	骨の悪性腫瘍	1	46,500
040081	誤嚥性肺炎	1	40,700
180050	その他の悪性腫瘍	1	38,500

放射線の出来高請求金額で、放射線機器のリース代は回収できても、その病床は貢献利益が足りなくなる!!

図3-23　**放射線治療を実施する症例の貢献利益単価**

圧倒的に多い。当然のこと、KPIとしてはマイナスになる可能性が高い。実際、このような治療を実施するような急性期病院規模を考えると、KPIはマイナスになる。つまり件数とか出来高請求という試算は、病院経営においては有効とはいえない。この症例がB群やD群となるだろう。経営者判断は採算性というより、社会的役割を応じるか否かの判断に迫られることになる。

　病院経営は利益をひたすら求めるものではない。このマイナス要因を他のA群などに位置する症例と合わせることで、病院経営が成立するのかなどの総合的判断が必要となる。もし地域で唯一の病院であり、当該治療を必要としている患者がいるのであれば、社会的役割を担う必要がある。ただそれには、こうした明確な理論と試算をしたうえで、総合的な経営判断を下すということを意味する。中長期的に、地域に根差した真に求められる病院は、医療の使命と利益を両立できる存在でなければならない。

医療政策との整合性

1 地域完結型医療への転換

　2018（平成30）年に、厚生労働省は「医療提供体制の現在の状況について」（https://www.mhlw.go.jp/content/10800000/000458952.pdf）というレポートをまとめているが、基本的な考え方として少子高齢化人口減少社会においては、「病院完結型」から「地域完結型」医療への体制変換を述べている。地域全体で患者を診るという視点から病床数を考え、在宅医療や介護を充実させるような施策である。これは社会保障制度の堅持を目的にしたもので、2015（平成27）年に都道府県では「地域医療構想」を策定している。機能分化でもあることから、高度急性期・急性期病床は削減させつつ、従来の亜急性期病床の機能を含めて回復期病床および慢性期病床への転換を図りながら、全体でも病床削減の政策となる。2017（平成29）年の高度急性期病床16.4万床を2025年には13.1万床へ。急性期58.3万床は40.1万床へ。回復期15.2万床は37.5万床へ増やし、慢性期35万床をスライドして28.4万床と計画していた。全体では131.9万床が119.1万床へ削減する予定である。2019（令和元）年からのコロナ禍において、余剰病床の重要性が再評価されるようになり、実際にはどのようになるかはわからない。しかしながら、根底にあるのは少子超高齢社会による負担の軽減と、医師不足を解消するための選択と集中戦略が本質でもあるから、中長期的にはダウンサイジングの方向性と見るべきであろう。

2 一施設完結型医療では赤字になる現実

　この医療政策は病床数の削減があるが、実態は急性期病床の削減が本命にある。急性期病床を維持するには、施設基準があり看護師の7対1看護などを考えるとコスト高は容易に想定できる。これまでの説明でいえば、KPIは高めに設定せざるを得ないということである。

　ここで肺炎症例を示す。多くの急性期病院で入院症例が多いと想定される。太い線がKPIとの差を累積した折れ線グラフになっている。この場合、初日からマイナスとなり、期間2で退院しても赤字となっている。KPIが高めの病院で治療すれば採算症例にはならない（図3-24）。逆に同じ治療をKPIが低めの病院で治療すれば、図3-25の示すとおり

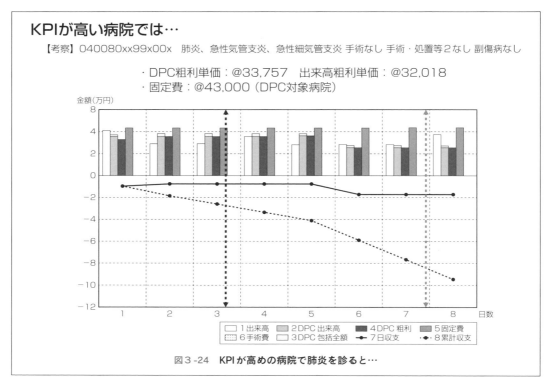

図3-24　KPIが高めの病院で肺炎を診ると…

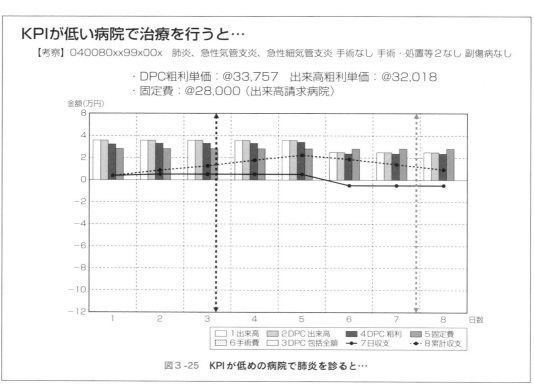

図3-25　KPIが低めの病院で肺炎を診ると…

に黒字化する。これは病院を経営するうえで十分な利益が得られるということであり、このような治療に対する点数は役割＝KPIに応じたものとなる。いわゆる自称急性期病院が症状の軽い症例だけ診ていても赤字になるということである。

3 地域連携による黒字期間の連携

　このKPIを使った評価は、厚生労働省の示す地域完結型医療で検証できる。ある呼吸器系の急性増悪でKPIの高い病院に入院する。もし病院完結型であれば不採算になることがわかる（図3 -26）。そこで10日を目安にKPIの低い病院へ転院できる状態になったとする。そうなれば後方支援病院ではKPIを当初は上回ることから、黒字対応の地域連携となる。しかし、後方支援病院でも後半は不採算となる。この時期を在宅医療に切り替えれば不採算になることはない（図3 -27）。つまり、地域完結型による役割分担に応じた医療提供がされると、どの施設も採算のある症例となり経営的には好ましい。また、急性期病院では在院日数も短くなることから、ダウンサイジングも現実的な選択になることもわかる。

　逆をいえば、後方支援病院やA群に入るような疾患を治療するに十分な資源があればよい。役割分担上、必要のない機器や体制の強化はコストアップ、KPIの上昇につながり経営基盤を脆弱化させる。

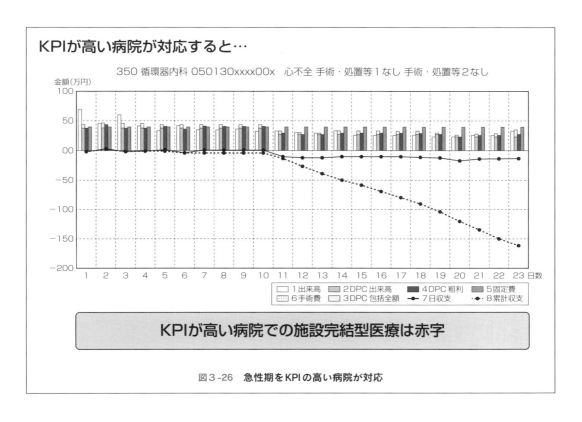

図3 -26　急性期をKPIの高い病院が対応

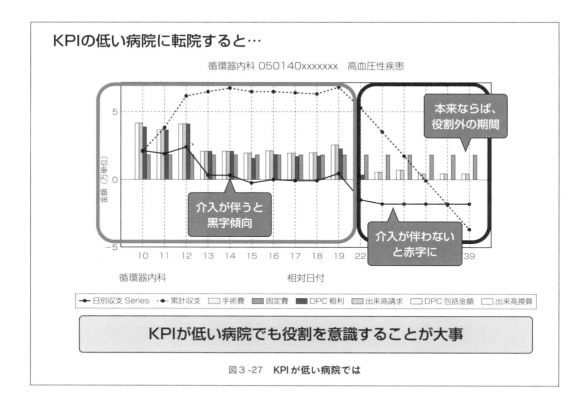

図3-27　KPI が低い病院では

4　おわりに──地域の持続性が伴わなければ自病院の繁栄もない

　管理会計手法を導入して根拠あるKPIを設定する。そこから改善ポイントを導き、臨床現場からの理解を得ながら改善を行うことで利益率が向上する。そのためには、KPIはシンプルで数が少ないほうがよい。診療科が臨床現場で解決すべきこともあれば、中長期的に役割分担に応じた疾患構成にしていくことで持続可能な病院経営になる。これまで紹介した1病床当たりの粗利単価と病院維持のための粗利単価というKPIは、自院の経営状態から地域連携による黒字化、ダウンサイジングまで共通指標として活用できている。こうしたKPIをそのまま活用するのもよいし、自らが発案して対応していくことでもよい。大事なのは管理会計手法を用いながら、KPIによる評価と改善を繰り返していくことである。

　管理会計、ひいては会計の目的は、経営者に直近までの実績を適切に伝達し、経営者が将来について意思決定するための判断材料を提供することにある。

　医療分野は、計画経済にも似た要素がある。国よる医療政策をよく理解し、その動向を読み、自院を客観的に評価することが肝要である。そのうえで、自病院の特徴、強みと弱みを明らかにし、治療分野のポートフォリオを再構築することで、自病院のブランディング（「違い」の明瞭化）が進む。同時に、治療分野のポートフォリオ再構築は、域内連携を前提に進めることもきわめて重要である。なぜなら少子高齢化人口減少の時代には、地域の

持続可能性が問われているからである。地域の持続性が伴わなければ自病院の繁栄もない。逆に、自病院と他病院や診療所、あるいは社会福祉法人などの関連する社会インフラが積極的に連携し、社会的ウェルビーイングが高い地域は、持続性が高まるだけでなく、域外の人々をも惹きつける地域ブランディングを打ち出せる。

　医療という高度な社会的責任を負う病院経営の使命は、ますます高まっており、それはそのまま、経営実務者への期待と良い仕事を成し遂げる醍醐味につながっている。

問題
1

病院経営においては、論理に基づいた経営モデルを自施設に適した管理会計手法を用いて実践することが重要である。管理会計手法に関する説明（ア）～（オ）について、正しい組み合わせのものはどれか、1つ選べ。

（ア）管理会計手法は製造業などの原価計算手法を参考に、そのまま適用することが望ましい。

（イ）管理会計手法は精緻な原価計算が必要となる。

（ウ）管理会計手法を利用していれば、どんなコスト按分方法でも現場の理解が得られる。

（エ）管理会計手法においてKPIの設定と実際の乖離を測ることが大事である。

（オ）管理会計手法において現場には影響機能があることが望ましい。

〔選択肢〕

①（ア）（イ）

②（イ）（ウ）

③（ウ）（エ）

④（エ）（オ）

⑤（ア）（オ）

解答 1　④

解説 1

収益モデルを考えるうえで必要なのは会計知識である。ただ病院経営改善に向けた活動であるから、単なる財務会計の知識や手法だけでは不足する。管理会計手法によって経営者に直近までの実績を適切に伝達し、経営者が将来について意思決定するための判断材料を提供することが重要である。財務会計は対外的に経営状態を表すものであり、内部に向けたものではない。つまり経営改善に対する資料ではなく、そこで働く者への指標とはなっていない。管理会計手法を導入して根拠あるKPIを設定する。そこから改善ポイントを導き、臨床現場からの理解を得ながら改善を行うことで利益率が向上する。そのためには、KPIはシンプルで数が少ないほうがよい。診療科が臨床現場で解決すべきこともあれば、中長期的に役割分担に応じた疾患構成にしていくことで持続可能な病院経営になる。

①×　医療現場に合わせて適用することが必要。

②×　精緻な原価計算は不要で、経営改善に向けた行動変容につながる数値が必要。

③×　単純な売上に比例するなどの配賦基準は納得を得られないことがある。

④○　KPIを設定するだけでなく、その乖離から対応方法を考えることが重要。

⑤○　KPIに対して現場が慣習的に改善行動をすることが持続的な改善につながる。

第4章
医療システム：イノベーションを生み出すストラクチャー

1 医療システムという考え方①──はじめに

2 医療システムという考え方②──IT化とは

3 医療システムという考え方③
──IT化（Digitization）と従来業務の改善

4 病院システムの運用と評価①
──病院情報システム（ITシステム）による生産性の向上

5 病院システムの運用と評価②
──生産性の向上による人的リソースの再配置

6 病院システムの運用と評価③──サービス内容の向上と定期的な見直し

7 実例：会計業務と患者待ち時間①──業務手順の見直し

8 実例：会計業務と患者待ち時間②
──正しいサービスの分類と生産性の定量評価

9 実例：会計業務と患者待ち時間③──新たな業務手順の策定と評価

10 実例：会計業務と患者待ち時間④
──ITシステムや第三者サービスを利用した全体解の適応

医療システムという考え方①——はじめに

1　DX（digital transformation）

　情報処理技術の発展は著しく、AIなどの技術を用いた臨床技術開発への応用が開始されている。急性腎不全などの発症予測分野などでは、研究レベルではあるものの医師と同等の予測結果が報告されている（後に臨床評価では、ショートカット学習などが指摘され、臨床利用レベルではないとなった）。

　このようなAI技術の臨床への応用は、様々な情報から発症に直結する情報を選び、多次元的に判断している医師の思考、つまり本来は医師が専門知識と経験で身に付けた技術でしていたことを、単に代行させようとしているに過ぎない。要は暗黙知の技術化に過ぎないといえるだろう。しかもそれすら、未だ達成していないのが現実である。また根本的にノイマン型コンピュータでは結果を近づけるだけであり、人の思考方法からの再現という意味での暗黙知の技術化は不可能という考えもある。非ノイマン型のニューロコンピュータや量子コンピュータの技術の確立を待たなければ実現されないかもしれない。

　このように医師の思考からの判断という視点では、現状においてAIの活用は難しいが、臨床現場では、先に述べたとおり、医師は患者の状態と状況を把握し治療方法の最適解が求められている。その最適解には、適切な医師の判断と医療従事者への指示が重要であり、相互関係で成立する。つまり医療における業務は、医師の判断結果から最適な方法が指示として出され、医療従事者が受けることで成立している。この医療における業務という点に注視していきたい。

　　"AIなどの最先端の技術を使うことが、すなわち医療現場におけるイノベーションを生み出すストラクチャーなのだろうか"

　答えはもちろん否である。患者の状態をこれまで身に付けた専門知識と経験知で導いていた、"医師の暗黙知"こそが、本来はDXの対象にならなければならず、その暗黙知の技術化に有効ではない・未だ達成していないAIの活用だけでは、イノベーションは期待できないということである。

　進化論でいえば、医師の最適解がデジタル化（Digitalization）されることで、医療従事

者の業務プロセス自体が正しいIT化（Digitization）に進むということになる。これが医療におけるDX化であろう。しかし、臨床医の暗黙知をデジタル技術化することが必須とはいえ、その専門性の高さや複雑性、広さから、その実現は容易ではない。また、上述したようにそもそもノイマン型では不可能という考えもある。仮にAIが技術解決したとして、その中の判断に必要な情報だけみても、これまで患者からヒアリングしていた日常情報も収集することや、質の高い構造化されたデータでなければならない点から、解決すべき課題は多く、実現にはまだまだ時間がかかるだろう。実際、現在では皆無といえるのではないだろうか。

　本章では「イノベーションを生むストラクチャー」として、『医療システム』とは何かを考える。ただし先に述べたとおり、全体業務フロー（医師と従事者の相互関係）の見直しはDigitalizationであり、DX化の必須要件である。しかし、そのDX化はすぐに実現できるものではないことも述べた。ここでは医師の暗黙知のDX化が将来は実現することを前提に、現在アナログ手法で対応していること、既にIT化（指示を受け正しく実施する業務手順化）されていること、即ち単なるIT化（Digitization）に着目する。つまり医師から正しい指示が出されたと仮定して、いかに効率的に指示を実施するかという範疇に止めて解説する。もちろん既存業務の改善や効率化は、将来のDX化に対する備えであり、今できることに着目することは重要である。逆をいえば、病院ではIT化が他のサービス業に比べて進んでいないことが多く、単なるIT化でも効果が上がる余地がある。もちろん、DX化されれば、そのIT化は不要・対象外となることも想定できるが、本テキストでは問わないこととする。

　DigitalizationとDigitizationの組み合わせで、新たに組織や病院文化、風土を改革すること・されることも本来はDXの効果であろう。しかし、DXやAIに頼らずとも、自院の既存医療ITシステムのパフォーマンスを最大限に引き出すことによって、イノベーションをも引き起こすことが可能であると考える。イノベーションを起こすような医療システムは何かということを解説していく。

2 医療情報システムとは

　日本の病院での情報システムといえば、レセプトコンピュータ（以下、レセコン）やオーダリングシステム、電子カルテシステム、部門システムなどがある。それら全体を病院統合システム：HIS（Hospital Integrated System）などと称されることもある。この病院におけるIT化は1980年代から保険請求業務であるレセプト処理を行うためのレセプトコンピュータ、通称レセコンからスタートした。当時はレセプトといえば紙カルテから拾い起こし、紙書類で提出するといった、膨大なアナログ作業であった。やがて手書きからコンピュータ入力へと電子化がなされ、今では紙媒体を伴わないオンライン処理になっている。

これは医療機関における重要な基幹業務の１つである。医事請求という専門の知識を有する事務員を、雇用し育てることなどを考えれば、この一連の請求業務をシステム化できることは合理的である。

　レセコンの普及後には、医療従事者の事務作業を電子化するために、オーダーリングシステムが登場した。それまでの指示出しには、医師がカーボン伝票に手書きで指示を記載し、看護師や薬剤部、医事課に伝票を届けていた。もちろんオーダーシステムの導入でカーボンコピー（CC）は姿を消すのであるが、電子カルテシステムではないことから、指示内容はラベルに印刷されて、紙カルテに医師が貼るなどの手間は残った。

　2000年代になると電子カルテシステムが登場し、臨床における医療従事者の臨床業務そのものを支援するような範囲にシステム化が進んだ。1999（平成11）年４月に厚生労働省から「診療録等の電子媒体による保存について」が示され、2001（平成13）年12月に日本医師会の「診療情報提供に関する指針」および厚生労働省「保健医療分野の情報化にむけてのグランドデザイン」が示され、日本の電子カルテシステム時代が始まった。

3　電子カルテシステムの課題

　医療においてもサービス業であり請求なくして収入がないことから、請求業務は必須の業務である。医事請求業務を中心に考えれば、その機能を担うレセコンの次に、その入力伝票の発行や、レセコンとのデータ連携するために、オーダーリングシステムへ発展することは、自然の流れであろう。ただオーダーリングシステムは、あくまでも医師の作業指示であり、その事務手続き・事務作業のIT化ともいえる。臨床業務そのもののIT化ではない。実際、緊急を要する場合は事後入力で処理することが多く、いちいちオーダー入力していては処置に間に合わない。つまり、オーダーリングシステムは診療の流れを妨げている面が少なからずあるということだ。

　では、それは電子カルテシステムが導入されて改善されたのであろうか？　電子カルテシステムの主な機能は、医師のカルテ記載（１号用紙や３号用紙、シェーマ図など）の記載や、検査値の表示、検査画像などの部門システムとの連携機能、そしてオーダーリングシステムとの連携などである。ある意味では部門システムを含めたシステム連携のHUB機能ともいえるだろう。部門システムは臨床の専門性の違いから、汎用的な電子カルテシステムでは記録などを記載するだけでも効率が悪いことから、たとえば眼科であれば眼科専用の機能を提供する眼科部門システムというように分化したシステムを指す。

　このように電子カルテシステムは広義であれば、レセコンからオーダーリングシステム、部門システムまで含んだ一連のシステム体系を意味する。病院側はこうした発展と拡張から、より複雑なITシステムを運用することになっていった。また、巨大化したシステムは導入費や運用費にコストがかかるようになり、病院経営上でも注視すべきコストになっ

ている。

　一方で、IT化による新たなコスト増は、人の生命に関わることがより安全になるわけであるから、トレードオフとしては一定の理解ができる。しかしながら、COBOLなどの事務系処理言語から発展した電子カルテシステムは、より診療効率を求めると構造的ひずみを生じさせた。レセコンからオーダリング、診療科ごとの部門システムを導入することが一般的になった。先の説明のとおり、眼科システムなど各診療科の求める機能が異なり、共通のシステムで実現することが非効率となった。医師が専門的な情報を収集し、意思決定を支援するような機能が求められると、事務系の処理言語で組まれたシステムでは、豊富な情報量を処理し、高度なインターフェースを実装することは難しく、そのシステム上で構築することは合理性に欠ける。つまり、電子カルテシステムはIT技術が高度化するにつれ、自身の基盤が脆弱となり再構築という課題が生じている。

4　求めるべき医療システムを考える

　医療システムというものは、AIや複雑な医療情報システムを指すことではないことは理解されただろうか。もともと医療は複雑で高い専門性が求められることを安全に、かつ効率性を持ちながら、高い品質で業務（指示の達成）を成立させるために、一連の手順を決めて対応することが多い。この局所的業務をIT化することで現場改善や安心安全につなげてきた。薬剤出庫のバーコードによるチェックや、点滴投与時の患者と薬剤のバーコードによる突合などが例である。

　病院は病気やケガを治療し、健康に戻すというサービス業（労働者の再生産）という側面がある。サービス業として経営や顧客満足度の向上を目指さなければならない。また医師が的確に病名を診断し、適切でタイムリーな指示を現場に出す品質も求められる。同様に指示を受けた側の品質も求められる。医療過誤は患者の生命に関わることからも、品質の向上は重要な課題である。また、作業受け者の業務が安心安全に行われるには、IT化の支援だけでなく、利用する機器の性能や実施者のやり甲斐や動機づけなども考慮しなければならない。

　医療システムとは最適な全体解をもちながら、現場の生産性を安心安全に高め、より高度な専門性を発揮し、それらを評価するようなシステムともいえる。

　次項では、こうした医療情報システムという局所的な概念ではなく、もっと広い意味での医療システムという考え方とその重要性について述べていく。

② 医療システムという考え方②
——IT化とは

1 DigitalizationとDigitizationの違い

IT化とはデジタル化を意味することがある。しかし大きくは2つの意味があるが、区別されて整理されることが少ない。"デジタイゼーション（Digitization）"と"デジタライゼーション（Digitalization）"との区別である（表4-1）。

Digitizationはデジタル化として考えれば、アナログ式のカメラがデジタルカメラになるようなものである。また紙媒体から電子媒体(書籍)などであろう。一方で、Digitalizationは電子書籍の読み放題サービスのようなものである。自動車でいえばKINTO、digital動画コンテンツであれば、動画視聴サービスのNetFlixなどではないだろうか。

重要なことは従来の業務、既存の手順の改善というデジタル化と、まったく新しい手段やプロセスの創造や、既存の破壊が起きるデジタル化の区別である（表4-2）。アレルギー

表4-1 "デジタイゼーション（Digitization）"と"デジタライゼーション（Digitalization）"の区別

デジタイゼーション（Digitization）	デジタライゼーション（Digitalization）
デジタルカメラ	Instagram,Twitter,TikTok
電子書籍	Kindle 読み放題
デジタル放送／デジタル動画	PrimeVideo,PrimeMusic,NetFlix
	KINTO

表4-2 "デジタイゼーション（Digitization）"と"デジタライゼーショ（Digitalization）"の目的の違い

デジタイゼーション（Digitization）		デジタライゼーション（Digitalization）
プロセスの効率化	狙い	モデルの創造・変革
改善／改修／修正	すること	事業構造の転換
コスト削減、納期短縮	効果・結果	新しい価値の創出
既存の改善		既存の破壊

や禁忌、閾値の自動チェックや、本人や薬剤の特定などの誤認識のチェックなどはプロセスの効率化であり、デジタイゼーション（Digitization）である。つまりIT化であり既存の業務の改善である。

2 病院のIT化の現状

ここからは病院情報システムについて考えてみる。ここでのIT化はアナログ手法からデジタル手法への移行であり、業務プロセスの効率化であり、既存の改善である。IT化には一般的には次のようなメリットとデメリットがある（表4-3）。

単純であるが、量の多い繰り返し計算処理などにはIT化は信頼がおける。レセプトコンピュータが先に発展したのはこのためであろう。もちろんデメリットもある。専門性のある管理者が必要になるように、導入や設計には病院内部にもその人的リソースを確保するなど、保守コストがかかるようになる。また一度、ITシステム化がされれば、それを絶対的に正しいとして、もしくは変えることが容易ではない（ITシステムの仕様を変更することはコストがかかる）ということから、業務プロセスを改善するために変更するような動きにならない弊害も生まれてしまう。

また、病院がサービス業であることを考えると、患者向けのIT化があって然るべきである。しかしながら、この分野でのIT化は遅れている。インターネット経由で外来予約できるサービスを実施している病院はあるものの、まだ一部の病院に過ぎない。患者紹介状や他院での検査結果などは、印字されたものをスキャンしてPDF化する程度のことが多い。今後、患者満足度の向上など求められることからも、患者向けIT化の促進も病院には課題の1つであろう。

表4-3　IT化におけるメリットとデメリット

メリット	デメリット
距離を意識せずに共有化	情報漏洩対策
正確で高速な計算処理	例外に対応できない
単純ミスが少ない	専門知識のある管理者が必要
保存スペースが省力化	システム導入・維持にコスト大
情報伝達が簡易になる	データの滅失被害が甚大
データが劣化しない	…
検索ができる	

③ 医療システムという考え方③ ——IT化(Digitization)と従来業務の改善

1 サービス業としての病院

　400床以上の大規模病院であれば、電子カルテシステムは月額5,000万円規模のリース案件であることは珍しくない。また在院日数の短縮や、それに起因する外来数の増加などから、5年前と現在では2倍くらいに増えている業務があることも珍しくない。その前提数の違いによるシステム的な破綻は、患者の負担となる場合もある。会計時に具合の悪い患者が10分以上も立って待っているなど、病院のもっている役割から、本末転倒している事態はよく見る光景ともいえる。また患者の待ち時間が長くなれば、広いロビーが必要になり、つられて駐車場の台数が足りなくなるなど、病院の資源が不足して、新たな投資に発展するケースもある。

　つまり、病院を1つのサービス業として捉えた場合、どのくらいの客数が来店し、どのくらい滞在し何を買い、どのように決済し回収するのか。満足度を向上させて、次も客に選ばれる店にするには何をするのかという視点が病院にも必要である。医療システムとは決してITシステムだけでなく、全体解を見据えて、質の高い医療を安全に提供するようなものだと述べてきた。加えて医療はサービス業としての一面があることから、顧客満足度が最高になるようなもので、また働く従業員も効率よく安全なサービスを、働き甲斐を持ちながら提供できるようなものであり、また対価も確実に回収できるようなシステムでなければならない。

2 病院情報システムと業務フローの関係

　病院全体から見れば、IT化とはある業務プロセスの一部を改善したに過ぎないことは述べてきた。たとえば会計システムから請求書を印刷し、患者に渡し請求する。次に患者から現金を受け取る。また会計システムに入金入力をする。会計管理システムでは、そこから請求データと突合する。このような事務員と患者のやり取りを前提にした一連の流れに、IT化は部分適応する。会計業務のフローとそのIT化である。

　しかし、これは患者がどのくらいの時間を待ち、どのような状況（立っていたのか座っていたのか）であったのか、どのような支払い方をしたかったのかなどは一切考慮してい

ない。またそのことが、ロビー施設や駐車場などの病院資源の不足を生んでいること、患者満足度が下がり、患者から選ばれない病院になってしまう可能性があることなど、サービス業としての品質が忘れられがちである。

つまり、病院全体のサービス業としての質の評価（全体解の最適化）に、ITシステムがどの程度の貢献があったのかは評価していないことになる。要するにITシステムが対応できていることは、単に局所的な一方向から見た部分的な解なのである。

もちろん、この業務フローは医師の判断から発生する一連の業務であり、その部分がDX化されれば、まったく異なるものに変化する可能性がある。ただ現状でもできることはすべきである。そして業務フローを考えるときに、全体の最適解から見れば、効果が低い部分的な最適解（コストを回収できない方法）かもしれないし、真逆な最適解になるかもしれない。それをIT化することは、現場の事務員やITベンダーにとっては、生産性が著しく低く疲弊する要因にもなりかねないことは注意が必要であろう。

3　病院情報システムにみる病院の風土——システムと生産性

病院では確実に業務をこなすという点で変化を嫌う面がある。良くも悪くも安全に支障をきたしていないのであれば、現状を変える必要があると考えるほうが少数派であろう。

実際問題、それに取り組むスタッフは本来の業務があることから、労働対価としてインセンティブが働かない。特に事務部門が中心となり、解決を考えるような事案では、まず実施されないだろう。よくて電子カルテシステムがリプレイスされるといったことくらいで、何かしら大きなタイミングになるような"きっかけ"がなければ、見直されることは少ないのが現実である。

たとえば、ある部門が導入したい部門システムがある。カスタイマイズには予算がかかることから、そのままパッケージ導入されることが多い。カスタマイズがされないということは、必ずしも従来の業務手順のとおりに、病院情報システムが適応できるかわからない。つまり、病院情報システムの仕様に合わせて運用側を合わせる必要が出てくる。

一般企業が、大規模なシステムの入れ替えをするのであれば、費用対効果を求める。生産性が上がらなければシステムを更新する意味はない。リース契約の延長が合理的な判断となる。病院はこうした費用対効果に関心は低い。更新されて円滑に稼働することが重要と見る文化がある。東京大学医学部附属病院や東北大学病院が電子カルテシステムを入れ替えたときに、順調に切り替えができず診療に支障をきたすという事態に発展し、全国ニュースで取り上げられるなど、まずは稼働することが先決という考え方がある。

しかしながら、切り替えの確実性や、システムの都合に迫られて業務手順を見直すといった考え方や慣習は正しいのだろうか。大規模システムのリプレイスは通常のリース期間を考えると、5〜6年に1度は起きる。5年前と検査機器の数や種類は増えていないだろう

か、外来患者は増えていないだろうか、在院日数は短くなっていないだろうかといった、環境や想定する対象数（ボリューム）に変化がないのかなど、本来は前提条件を見直すべきである。

　極端にいえば、患者数が２倍になっていれば既存のシステム設計や業務フローでは破綻する。そして破綻は患者の待ち時間が増えるなどの現象として、具現化していることが多い。

　経営の改善で在院日数を短くさせれば、患者の入退院数と実人数は増えるわけであるから、５年前と比べて圧倒的に業務が増える。その不都合な事実に目をそらして業務手順の見直しをせず、ITシステム導入による生産性の向上を検証しない。それでは経営改善が患者サービスの低下を招くという負のスパイラルになる。

　しかしながら、導入をサポートするベンダーのエンジニアも、受け入れる病院側も確実にシステムをリプレイすることがまずは命題である。そのために、こうした全体の生産性（費用対効果）をもって評価するということが疎かになる傾向がある。もちろん、新たに導入されるシステムを使って、現行業務が遂行できるかのチェックは行われる。代替え機能のチェックも含めてリハーサルを重ねて動作確認を繰り返す。それでも先のような切り替えが円滑に進まないような事態が起こることがあり、確実性ということがいかに重要視されるかは理解できる一面がある。ただし、医療をサービス業として見れば、全体的な最適解が達成されていない可能性があることを知るべきである。

病院システムの運用と評価①
──病院情報システム（ITシステム）による生産性の向上

1　病院情報システムの歴史と求められる生産性の向上とは？

　2001（平成13）年12月の厚生労働省からの「保健医療分野の情報化にむけてのグランドデザイン」には、医療情報システムを厳密には定義していないものの、「電子カルテシステム」「遠隔診療支援システム」「レセプト電算処理システム」「オーダリングシステム」「個人・資格認証システム」を挙げている。またこうしたシステム化が、『医療事故の防止や医療の質の均等化につながり、大規模データベース構築も可能となって医療が進展する』と期待を寄せた。

　しかしながら、大規模データベースであれば、20年後の2021（令和3）年の現在でもPMDA（医薬品医療機器総合機構）らのMID-NETを始め、ようやく整備が進んできたが、国民が体感できるような利活用には至っていない。また2019（令和元）年からのコロナ禍においてオンライン受診が時限的に進められたが、一般診療の範囲において、臨床現場ではシステムは対応できても、その有効性を見出せない状況にもある。

2　病院情報システムの評価。生産性の向上は臨床現場で起きたのか？

　このように当初、厚生労働省が描いた効果は具現化されていない病院情報システムではあるが、医療に対してなんら有効ではなかったのだろうか。たとえば病院における保険請求業務は、今ではなくてはならないITシステムとなっている。

　他にもスペース問題でも貢献している。たとえば診療記録類は、種類に応じて最終通院後より5年から10年の間、保存することは義務化されている。しかし患者数が多ければ保管スペースの確保が課題となってくる。これらが電子化されれば、事実上のスペース問題は解決する。またレントゲンなどの"画像フィルム"も同様であり、電子化されたことでスペース問題が解決されている。

　カルテ情報や画像情報は電子化されたことで、同時閲覧が可能となった。紙やフィルム媒体の時は、誰か1人しか閲覧することができず、診療記録の管理や閲覧ルールが徹底されていた。電子化されたことで同時閲覧が可能となりルールは簡素化され、また管理コストも削減されたことになる。

　画像であれば、検査機器の性能向上にフィルムでは対応しきれなかったことが解決されている。撮影レンズや解析精度がより精緻になっても、フィルムでは性能を活かしきれない。電子化ならではの拡大縮小など、高精細モニターの出現で利便性がさらに向上された。さらに画像データを3次元化して、手術前の精度の高い手術プランの支援、また患者説明に使われるなど、利便性と効率性が向上している。

　薬剤やアレルギーなどの禁忌や処方量のチェックにも効果を発揮した。薬剤管理システムでは、薬効成分やアレルギー情報を処方時に自動的にチェックし、処方した医師に注意情報を提示するなど、医療過誤の防止になっている。検査結果も迅速にオーダーし結果を院内であればどこでも確認できる。

　IT化＝電子化が持つメリットの範囲であれば、医療の複雑性や迅速性、侵襲性の高さや専門性の高さなど、相反する要素を高い次元で成立させることに貢献しているといえる。現在の医療は病院情報システムがなければ、たちまち生産性が低下するだろう。それは、2021年に起きた、徳島県つるぎ町の町立半田病院がサイバー攻撃を受け、ランサムウェアによる電子カルテシステムの停止により、診療サービスが著しく制限されたことが物語っている。

5 病院システムの運用と評価② ——生産性の向上による人的リソースの再配置

1 生産性の向上がもたらす効果

　生産性の向上は、一定の時間に処理できる量が増えることを意味する。待ち行列のある処理であれば行列の解消につながり、一定量の処理であれば処理時間の短縮で空き時間が増えることになる。とくに空き時間ができることは、余剰な労働力が発生することでもある。もちろん人数が余ることにもつながり、人員削減につながることも否定はできない。病床をダウンサイジングするのであれば、少ない病床で生産性を上げて治療することになり、施設基準上の配置人数が減らせ人員整理が妥当となる。むしろダウンサイジングでは、人員削減をしなければコストカットにならず効果が薄まることから、この場合は人的リソースの削減が必要であろう。

　一方でIT化は、その多くは部分的業務の改善に過ぎないことを説明してきた。病院では午前中の早くに患者が通院し始め、時間帯で待ち行列ができる業務は推移する。診療開始直後は受付が混むが、会計ブースは混まない。逆に午前中も終わりに近くなると、受付は空いているが、会計ブースが込んでいる。つまり、生産性の向上により人的リソースに余剰が生まれるならば、業務の量と待ち行列に応じて、人的リソースを動的に割り付ける。それが全体的な生産性の向上につながる。もしくは新たな業務を増やす場合、現状の生産性と仕事量のままで追加すれば、残業代が増えるか、これまでの業務の質の低下が懸念される。ならば生産性の向上から余剰のある人的リソースを作り、新たな業務に充てるなど、全体の仕事量を配慮すれば、その懸念は払拭される。

　生産性の向上を現場に強く求めると、その達成後にはリストラされるのではないかという、懸念の声を聞くことは多い。しかしその懸念は当てはまらない。生産性の向上による余剰化したマンパワーは、再配置による全体の生産性向上に使われるのである。

病院システムの運用と評価③
——サービス内容の向上と定期的な見直し

1　サービス業としての医療と評価

　病院情報システムが医療現場の生産性を向上させてきたことをこれまで述べてきた。一方で、サービス業としての費用対効果の評価は重要視されてこなかったことも述べた。ではサービス業としてどのように評価すべきなのか。

　病床数の多い病院であれば、患者満足度の調査を実施することが多い。厚生労働省でも実施しており、3年ごとに医療施設を利用する患者に対し、医療を受けたときの状況や満足度などについて、今後の医療行政の基礎資料を得ることを目的に実施している。2020（令和2）年では全国の一般病院484施設を利用する患者（外来・入院）の約16万人を対象とし、約10万6,000人から有効回答を得ている。

　特定機能病院や大病院の満足度は高い傾向となるが、全体的にも不満は5％程度であり、概ね満足ないしふつうとしている。その中で外来では診察の待ち時間、入院では食事が不満項目として指摘される。医療の質に対する不満というより、サービス業としての接遇不満という結果になっている。

2　病院はサービス業であり、正しい医療システムをもつことがイノベーションにつながる

　病院はサービス業であり、患者には時に命にかかわるサービス提供が必要となる。医療従事者の使命感に頼った働きを期待するのではなく、間違いが許されない質の高いサービスを提供する、そんなサービス業として成立することが大事であり、社会から求められている。

　いかに質の高いサービスを提供するか、その実現にはどのようにするのか、また実現させる財政基盤はどうであるか、働く人のやり甲斐とインセンティブはどのようにするのかなど、一朝一夕で達成しえるものではない。イノベーションを起こすには、効率的な病院情報システムを備えた正しい医療システムをもち、改善を繰り返すことが重要なのである。

実例：会計業務と患者待ち時間① ——業務手順の見直し

1 患者サービスの評価から見た病院情報システムと業務手順の見直し

　第7項から第10項では会計業務の見直し事例を紹介する。600床ある病院を想定例にしている。想定条件としては、見直す5年前は1日当たりの外来数は600人前後であったものが、見直し時点では900人から多い日は1,000人前後となることもある状況とする。

　業務の見直しは診察待ち時間改善という患者満足度の向上が背景にあるが、病院の資源的問題として駐車場の確保と、待合室の椅子の設置数が不足する状況もある。さらに保険請求時に保険証が違うなど、未収金の抑制といった課題もある。部分的ではあるが業務フローとしては、医事業務と診察室のクラーク業務の見直しと標準化である（図4-1）。

　1．患者待ち時間短縮での満足度向上
　　　1．安全性の向上
　　　2．快適性の向上

　2．患者待ちエリアの縮小
　　　1．外来数アップへの対応
　　　2．インフラ整備費の抑制

　3．未収金の抑制
　　　1．保健証確認の効率的な向上
　　　2．後払い制度への布石

　4．医事業務・クラーク業務の標準化
　　　1．患者案内票の廃棄業務削減
　　　2．保健証受付確認業務の低減
　　　3．各業務の見直し促進

　図4-1　**業務手順の見直し目的**

実例：会計業務と患者待ち時間②
——正しいサービスの分類と生産性の定量評価

1　現状を知ることから始まる。現場で起きていることを数値化する

　現在の業務手順を調査し、どこで患者の待ち行列が発生しているかを調べる。次にどのような業務手順の変更をすれば改善されるかを推察する。

　実態を調査すると、窓口での待ち行列（立った状態）は発生していないが、診察前に待ち時間（椅子に座って）が発生している。その時点では共通専門外来の対応スタッフが3〜5名で対応し、対応スタッフ1名当りの受付処理時間は平均25秒（問診票の記載などあるため、誤差は大）となっていた。診療開始時間の患者様混雑状況は9時5分までで、46名（受付済み）の診察開始待り（椅子に座って）が発生していたことがわかった。また医事窓口受付では10時20分頃から診察を終了した患者が一斉に集まり、14時頃まで8人から20人の待ち行列が発生していた。

　まとめると、朝8時に来院して受付を行った患者の帰院まで、①各科窓口で到着確認を行ってから診察を開始するまでに30分程度待ち時間が発生している。②診察終了後に患者案内票を提出するために5〜10分程度、会計窓口に並んでいる。③医事課にて会計を開始してから支払いを行うまで、25分程度の待ち時間が発生していることがわかった（図4-2）。

2　既存業務手法の調査

　次に医事課窓口業務の現行運用をヒアリングした結果、2つの要因に着目した。1つは会計処理を開始するために、患者案内票を会計窓口に提出する必要があること。もう1つは会計窓口に来た診察を終了した患者全員に対して、保険証確認を行っていることが待ち行列の原因であった（図4-3）。

　次に要因となった患者案内票を調査した。すると、患者案内票を窓口提出している理由としては手書きで追加検査などの内容を確認し、患者案内票をトリガーとして会計処理・計算処理を始めるためとわかった。つまり入力伝票として紙媒体を利用していた。また、患者案内票への手書き内容を集計してみると未記載が7割を超えていた現状がわかり、算定漏れという新たな懸念材料が発見された。対応方法としては、会計処理のトリガーを診

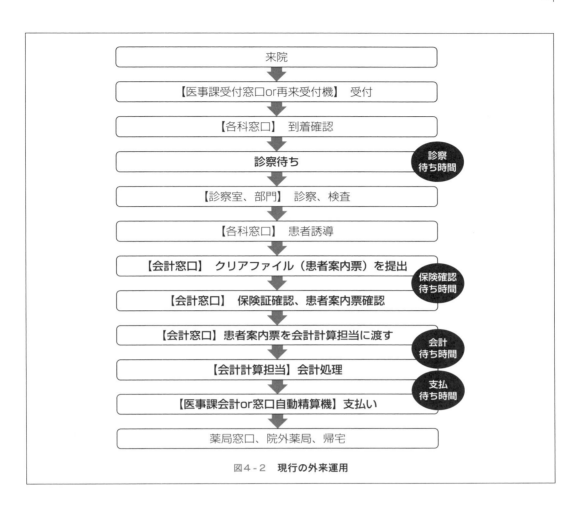

図4-2　現行の外来運用

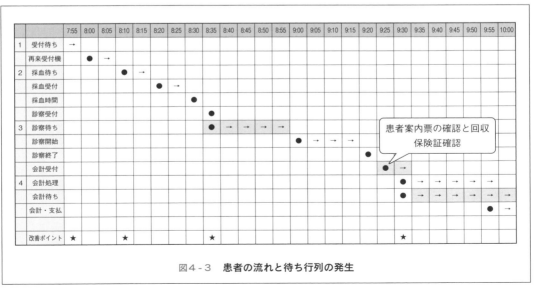

図4-3　患者の流れと待ち行列の発生

察終了時にすること、記載漏れをなくすために発生源で入力を行うこと、つまり、患者案内票は本来の受診案内のみに役割を戻すこととした。

　保険証確認業務は、複数の種別ごとに負担割合や条件などが異なるため、正確な確認業務には専門的なスキルを要することがわかった。しかしながら、比較的確認が容易な保険証の種別がある、つまり専門的なスキルをもたなくても確認ができる種別があることもわかった。また、その容易とされる保険証を使う患者が7割であることもわかった。対応方法としては、保険証確認業務の約7割を、専門的なスキルをもたないスタッフに分散させることとした。要は余剰人数の活用である。

実例：会計業務と患者待ち時間③ ──新たな業務手順の策定と評価

1 新たな業務フローの策定と新たなITシステムの部分適応

　まず、業務手順を更新した。そこで新たに保険証確認システムとチェックアウトシステムを導入することを発案した。保険証の確認であるが、会計前に実施することとした。診察前の待ち時間は予約時間の調整でコントロールするが、多少の待ち時間は発生してしまう。そこで診察室に配置されるクラークに、その時間を活用して保険証の確認をするという業務を追加した。クラークは受付と次の行動案内が主な業務で、一度受けてしまえば新たに患者が続かないかぎり空き時間が生じる。そこでタブレット端末上で診察券を読み込むと登録している保険証番号が表示されるようにした。その表示された番号と手持ちの保険証が違う場合は、会計時に確認をするようフラグを立てる。確認が終われば何もしない。全体として7割の患者の会計時の保険証確認業務を削減したこととなる。

　次に患者案内票である。手書きは禁止として確実に追加オーダーがあれば入力することを徹底した。追加検査があれば入力後に患者案内票を再出力し、患者に差し替えを渡すようにした。当日最後の工程でクラークがすべてを実施したかの確認を行い、新たに追加したチェックアウト機能を使って診察終了のフラグを立てることとした。これまでは患者案内票を会計受付に提出した段階で、手書きのチェックや会計計算が始まっていた。これが診察室を出る段階でチェックも終わり、会計計算が始まるようにした（図4-4）。

　患者の受付の移動時間の最中に会計計算が終わり、7割は保険証確認が不要のまま、支払い作業のみでよくなる。主たる会計システムは何ら改修が必要なかったことは着目すべきポイントである。

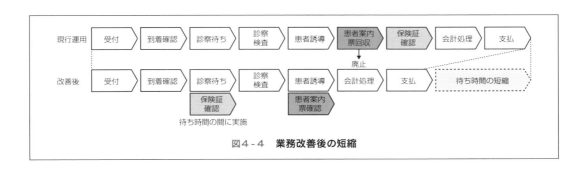

図4-4　業務改善後の短縮

実例：会計業務と患者待ち時間④
──ITシステムや第三者サービスを利用した全体解の適応

1　新たな業務手順がもたらす影響の範囲を評価する

　業務手順の分析と実態調査で現状の課題を把握する。次にこの課題が諸問題に対して起因となっていないかも考える。先の例でいえば、会計時の待ち時間が人の滞留を増やし、ロビーや駐車場といった資源問題に関係していた。人の滞留が減ればロビーの拡張も駐車場の不足も解消される。

　このような改善に対する取り組みで患者満足度も向上し、不要な設備投資も避けられ、未請求や未収入を減らすことにも貢献する。これは会計処理を医事課の受付業務という視点だけでは解決しなかった。全体を俯瞰的に捉えて全体解を求めるような取り組みであったからこそ解決できた事例である。

2　イノベーションの始まり

　支払い業務にも課題がある。自動精算機は数が限られており、高齢者が操作すると1人当たりの処理速度が低下することが多い。人員を配置してアシスタントするが、これだと人件費が課題となる。このような場合は、医療費をクレジットカードや銀行引き落としなどと組み合わせて、そのまま会計せずに、代行して支払ってくれるような民間サービスの活用も検討すべきである。

　本事案では、クレジットカードは高齢者が保有していないことも多く、新規に作るには与信が通らないことも多い。しかし、こうした取り組みを背景として、医療費にしか使えない形で不正利用を防止し、加えて与信を下げ、高齢者でも新規に発行できる「医療費限定クレジットカード」という、新たなサービスが誕生した。

　先に医療費限定クレジットカードで支払うと申請すれば、会計行為そのものが不要となる。患者は会計にかかる時間がなくなり、病院は会計補助業務の削減と未収金削減につながる。こうした小さいストラクチャーの追加が医療資源の最小化と未収金の発生を抑え、さらに患者満足度向上につながることになる。まさにイノベーションということになる。

　重要なのはシステムという考え方であり、全体解と部分解の最適化のバランスと配置する能力である。

問題 1 病院機能の提供には医療システムが必要であるが、正しく述べているものはどれか、1つ選べ。

〔選択肢〕

①医療システムとは医療情報システムを意味する。

②医療においては即時性がもっとも重要であるから、ITシステムは必ずしも必要ではない。

③医療システムにおける効率化の1番の目的は人員の削減である。

④医療システムは患者中心に設計され、医療従事者側を配慮する必要はない。

⑤医療システムは常に最新の技術で構成され、課題解決に適用される。

解答
1

②

解説
1

医療システムというものは、AIや複雑な医療情報システムを指すことではない。医療は専門性が高く複雑なことを、即時性をもちながら安全に実施しなければならない。一連の手順を決めてシステム的に対応することが多く、この局所的業務をIT化とその進化によって現場改善や安心安全につなげてきた。

また、病院は病気やケガを治療するサービス業であり、患者にはサービス業として顧客満足度の向上を目指さなければならない。一方で医療過誤は患者の生命に関わることからも、医療の品質の向上は重要な課題である。これら業務が安心安全に行われるには、IT化の支援だけでなく、利用する機器の性能や実施者のやり甲斐や動機づけなども考慮しなければならない。

医療システムとは最適な全体解をもちながら、顧客満足度を向上させ、現場の生産性を安心安全に高め、より高度な専門性を発揮し、それらを評価するようなシステムである。

①×　病院情報システムだけではなく、病院経営から従業員のモチベーションの向上と維持、サービス業としての医療提供の向上など、全体の最適解を実現するためのシステムを指す。

②○　即時性と複雑性、専門性、安全性など反することを高いレベルで実現するにはシステムが必要ではあるが、ITシステムでの解決が唯一ではない。

③×　人員配置の最適化による病院全体の効率化が重要である。

④×　医療従事者側の安全や適材配置、給与などのモチベーション向上も含めた、施設側の機能設計も重要である。

⑤×　既存業務の見直しや部分的なITシステムの改修・機能追加で解決できる課題も多い。

第5章

業務プロセスの質マネジメント
：漸進的イノベーションの組織化

1 質に関する基本的考え方①──患者視点に立った質中心経営

2 質に関する基本的考え方②──患者を中心にした質の見方・とらえ方

3 マネジメントに関する基本的考え方①
　　──目的達成のためのすべての活動

4 マネジメントに関する基本的考え方②──マネジメントの秘訣

5 マネジメントに関する基本的考え方③
　　──標準化によるベストプラクティスの共有

6 マネジメントシステムモデル①──経営における3つの管理

7 マネジメントシステムモデル②──日常管理

8 マネジメントシステムモデル③──経営要素管理

9 マネジメントシステムモデル④──方針管理

10 プロセスの計画と管理①──プロセスの概念

11 プロセスの計画と管理②──業務プロセス管理

12 プロセスの維持と改善①──プロセスの維持

13 プロセスの維持と改善②──プロセス、システムの改善

質に関する基本的考え方①
——患者視点に立った質中心経営

　本章は、医療経営士」上級テキスト第6巻『医療品質経営——患者中心医療の意義と方法論』（飯塚悦功、水流聡子）につながる中級編である。上級（＝1級）に至る過程において、中級（＝2級）として求められる「業務プロセスの質マネジメント」における基礎的理解および実践についてわかりやすく解説を行う。

1　医療における製品・サービスと顧客

　組織は、活動の主たるアウトプットとしての製品・サービスを顧客に提供し、それによって対価を得て、そこから得られる利益を再投資して価値提供の再生産サイクルを維持する。
　医療プロセスのアウトプットは、患者の「状態の変化」であり、患者および家族などの関係者が医療プロセスにおいて受けた医療サービスの総体である。医療における製品・サービスは「患者などに提供される医療サービス全体」であると考えることができる。
　医療における「顧客」は、狭義には医療サービスの直接の受け取り手である患者本人（または患者の代理人）である。広義には、製品・サービスの価値の直接の受け取り手に限定しても、地域社会、地域住民、当該医療機関の潜在顧客（将来、患者になるかもしれない人）なども顧客と考えてよいかもしれない。
　第一段階として、医療における主たる顧客は、患者またはその代理人に限定し、これら患者などの満足から取り組むべきだろう。次の段階では、医療を提供する組織の社会的責務を考察して、社会そのものも重要な顧客であると認識した活動を推進すべきだろう。

2　医療における質

　質は「顧客のニーズにかかわる対象の特性の全体像」と定義される。対象の特性は無数に考えることができるが、顧客のニーズにかかわるものの全体像がその考慮の対象の質である。製品・サービスの提供側でなく、価値の受け取り手が決定するものである。
　質の良し悪しは、製品・サービスの提供側から見て、その受け取り手側という外部の価値基準によって決まる。製品・サービスの提供にあたって、すべての行動は自分の勝手な価値観ではなく、外的基準に適合するという目的のためになされるべきである。

　医療の質とは、「患者とその関係者に提供される医療サービス全体の質」であり、「治療前後における患者の状態の変化に関する、医療の受け取り手のニーズ・期待をどの程度満たしたかを表現する特性の全体」といえる。家族などの患者の関係者も顧客に含めて考えると、患者の状態変化が、患者の関係者に与えた利益あるいは損害も含まれる。

　医療の質には、医療サービスの中心である診療の質と、診療に直接関係しないその他のサービスの質とが含まれる。診療は健康のアウトカムを主目的とするが、医療サービスには患者への応対、待ち時間、プライバシーの尊重など医療が提供するサービスの全体が含まれる。診療の質には、看護ケアの質、検査の迅速化など、診療指針・計画の質、その実施プロセスのほかに、関連する診療行為の質が考えられる。

3　医療における質中心経営

　質マネジメントは、経営における質の重要性を強調し、質を中心とする経営を推奨する。組織は製品・サービスを顧客に提供して対価を得ようとするのだから、製品・サービスは顧客のニーズ・期待に応えるものである必要がある。この意味で、製品・サービスの質が良いことは経営の目的そのものであり、経営において製品・サービスの質を中心に置くことは自然である。

　質を経営の中核に位置づけるもう1つの理由として、質の根源性が挙げられる。製品・サービスの質はコスト、納期、安全、環境などあらゆる特性に影響を与える。コストや納期の問題に見えてもその原因は多くの場合「質」にあり、質が達成できないからコストアップになり、手戻りが生じて納期遅れとなる。製品・サービスの質がコスト、納期などと矛盾するとき、質を重視することは質の根源性ゆえに大きな過ちにはならない。

　質マネジメントの方法論は、経営におけるあらゆる質的問題、たとえば仕事の質、組織運営の質、人の質などに用いることができる。長期的かつ広い視野に立つ場合、質を重視するという行動原理は、多くの場合正しい。

　医療においても、質を重視することは重要である。ただし、丁寧な方法で時間をかけて実施することは、必ずしも質が良いことではない。ミスをなくすためにダブルチェックを義務づけることは、形式的なチェックになりミスを防ぐことができない場合が多いだけでなく、本来は時間内に終わる業務にことさら時間をかけて時間外勤務を生み出すことにもつながる。単位時間当たりに提供できる製品・サービスの質を向上させることが重要である。このことは、後述する質評価の側面として、コスト、納期、安全、環境などの要素を考慮することと矛盾しない。

　経営に対するマイナスの影響の視点から、質に関わるロス（損失）という考え方がある。質に関わるロスは、「内部ロス」と「外部ロス」に、また「目に見えるロス」と「目に見えないロス」に分けられる。目に見える外部ロスの典型は、顧客のクレームに関わる損失、目に

見える内部ロスの典型は、不良・不適合に関わる損失である。留意すべきは目に見えないロスであり、目に見えない内部ロスとしては、たとえば失敗の手直しによる機会損失、目に見えない外部ロスの典型は売上の減少である。

　医療においては、診療報酬制度により価格が決まっているため、典型的な商品と異なり単純な経済原理・市場原理(安くて良いものが売れるという原則)が働かないが、長期的に、また視野を広げて見れば、状況は同様である。質が悪いために必要となるやり直しや後始末はそれ自体が無駄であり、通常は優秀な診療スタッフによって実施される。その優秀なスタッフは、本来はもっと価値ある前向きな仕事をできるはずである。医療機関に対する小さな不満・苦情の蓄積がもたらす評判の低下は、徐々に患者の数を減少させる。

　医療においては価格競争ができないため、だからこそ単位時間当たりに提供できる製品・サービスの質を向上させることは、外部組織に対する競争優位性をもつためには必須である。前述したように、医療の質は患者とその関係者に提供される医療サービス全体の質である。患者の状態と関係者の状況を理解し、ニーズに合わせたサービス提供ができるよう、サービス提供者は患者とその関係者と価値を共創していくことが重要である。医療従事者全体のマインドが徹底していれば、結果として医療機関のブランド価値につながる。患者が院内に入ればスタッフ全員が挨拶をする、立ち止まる患者がいれば真っ先に通りかかったスタッフが耳を傾ける、このような当たり前に実施すべきことが徹底できていない医療機関もまだ多いのではないか。

　質を達成するためにはマネジメント(経営・管理)が必要であり、その基本は「システム志向」である。これは結果そのものではなく結果を生み出す要因系に焦点を当てるという意味であり、効果的・効率的なマネジメントのための普遍的な原理である。製品・サービスを生み出すシステムに焦点を当て考察された質のためのマネジメントシステム(QMS)のモデルは、総合的・包括的なものとなり、結果として、組織のブランド価値、業績の向上につながる。

4　顧客志向、顧客満足

　質の良し悪しは顧客の満足度で決まるものであり、提供者側が決めるものでない。質とは「顧客満足度」「使用適合性」であり、製品・サービスを受け取る側の評価で決まる。

　しかし、「患者中心」「患者本位」「患者満足」といわれるが、医療の専門性のない患者が、高度な技術に裏打ちされた価値提供サービスである医療とその結果について、判断を下すことは難しい。通常の製品・サービスでも同様である。

　顧客志向の考え方を、マーケティング分野では、マーケットイン／プロダクトアウトという表現で説明している。マーケットイン(market-in)とは、市場(または顧客)の中に入って、市場のニーズを把握し、これらを満たす製品・サービスを提供することをいう。顧客

第一の考え方にほかならない。プロダクトアウト (product-out) とは、提供側の勝手な思い込みで作ったものを顧客に売りつけることをいう。卸売・小売店への押し込み販売、市場把握・市場分析抜きの製品・サービスの開発・販売などがその例である。

マーケットインとは、単に顧客のニーズに迎合することではない。このような製品・サービス提供は、真の顧客満足を与えない。顧客ニーズを把握したコンセプトアウト(技術に裏打ちされた提供者からの訴求)こそが、真のマーケットインというべきであろう。

医療においては、専門性の高さに起因して、プロダクトアウトのサービス提供を行っている(サプライヤーセンタードメディシンになっている)実態がある。いい意味での標準化は必要であるし、パターナリズム(父権主義)は悪いわけではないものの、患者の意思を尊重するのは当然のことである。患者中心医療、患者本位、患者満足は、マーケットインの考え方の現れといえる。答えるのが面倒でぶっきらぼうな説明をする医師の態度はプロダクトアウト的だが、患者の要望にそのまま応えるのが最善とはいえない。患者の真のニーズを把握し、その期待を満たすことこそが真のマーケットインといえる。

顧客満足の最大化は、提供するサービスの価値の最大化、およびリスクの最小化を意味する。このことをやり続けていくことこそが、医療における経営そのものといえる。

5 顧客の多様性

一般的には、顧客(＝提供される製品・サービスがもたらす価値を受け取り、その質を判断する者)は多様である。顧客(customer、お金を払って買う人)と使用者(user、実際に使う人)を考えることができ、両者が一致することもあるが、通常はその両方を考えなければならない。

ギフト商品の顧客を考えると、少なくともそのギフト商品を購入する人と贈られる人がいる。購入する人は、自分の気持ちを表現できてセンスの良さも主張できて、しかもばれない程度に安いものがよいと思うだろう。もらう人は、欲しかったけれど自分で買うのはためらわれるようなものだったら嬉しいだろう。ギフト商品の質を考察するときには、贈る人・贈られる人の双方が満足するかを考えなければならない。

製品・サービスが作られ、使われ、廃棄される際に影響を受ける人々(購入者、提供者以外の第三者)も、顧客と考えて製品・サービスの企画・設計を行わなければならない場合もある。代表的なものに「社会的品質」という概念があり、公害問題が発生した1970年代に一般的になった。自動車の排気ガスの問題は良い例である。社会の要請によって、自動車会社は、排ガス規制に適合した製品を提供する義務を負うようになった。さらに近年では地球環境の観点から「脱炭素社会」の実現が国際的に提唱され、日本でも2050年までに二酸化炭素の排出量をゼロにするカーボンニュートラルが政策として掲げられていて、ガソリン自動車からハイブリッドや電気自動車にシフトしていく必要がある。

　製品・サービスの質の企画・設計においては、多様な顧客に留意する必要がある。医療において、主な顧客は患者であり、患者が意思決定や意思表示を正確に行えない場合は、患者のニーズを代弁できる人を含めて考えるのが妥当である。たとえば、患者が子どもの場合には通常はその親、患者が成人であっても意識が正常でない場合はあらかじめ指名された、または妥当と見なされる代理人がこれに当たる。

　顧客をより広い意味で用いることもある。たとえば、その病院を信頼して特定の検査や手術のために患者を紹介し退院後の継続治療を担当する診療所は、広義の顧客に相当する。会社の委託による職員健診では、健診を受ける個人だけでなく会社も顧客と考えられる。感染症患者の隔離治療の場合は、地域社会もまた顧客と考えられる。このように、顧客が誰かを考えることは、提供する製品・サービスの質を考える際の出発点となる。

　日本における国民皆保険制度の下では、老若男女だけでなく収入や生活基盤も異なる群全体を全人的に支援し治療する必要がある。このような多様な背景をもつ患者に柔軟な対応をし続けるためには経営陣の緻密な組織競争戦略を地域で展開した盤石な財政基盤を築いたうえで、止まることのない柔軟なイノベーションを続けなければならない。

　価値観が様々に変わり続ける日本の現状を踏まえると、患者の自己責任や自身による意思決定も今後重要な位置づけとなることが予想される。1997（平成9）年に医療法が改正され「説明と同意」を行う義務が法律として明文化されたが、医療提供者側の説明責任を果たすことに重きを置かれ、責任逃れのように使われてきている実態がある。治療そのものは標準化が進んでも、患者とその関係者への対応については、幅広くそれぞれの価値観に沿った柔軟な対応が要求される時代となった。

6　後工程はお客様

　顧客（使用者）に対する質を達成するにあたり、最終工程の検査で確認するのは効率的ではない。一般的に製品・サービスの提供には複数の工程が関わるが、各工程が次の工程に対して自分の工程の「製品・サービス」の質を保証するということを繰り返せばよいはずであり、これが「後工程はお客様」の考え方である。

　この格言の第一の意義は、最終顧客だけではなく自分の仕事の結果の影響を受ける人々も顧客と考えて自分の仕事の質を保証するという考え方であり、米国において "internal・customer"（内部顧客）という概念として広く受け入れられた。第二の意義は、一人ひとりが組織の最終目的との関連において自己の業務の意義を理解してその責任を果たしたときに、組織全体として効率的に目的が達成できるという教えである。この考え方もまた米国で "process・owner"（プロセスオーナー、プロセス所有者）という概念として広まり、自分の業務に責任と誇りをもち、質を保証するというマネジメントの方法論を生み出した。

　「後工程はお客様」という奇妙な表現には、「自分の工程の質」の実態を明らかにし、自分

の工程の製品・サービス(自工程が提供する価値)の質の向上を図ることを、すべての人に求めるという考え方が含まれている。現場第一線の業務において、問題がどこにあるかは直接の担当者が最もよく知っている。だから直接の業務担当者がその業務の改善を行うのが最も効率的である。「後工程はお客様」という表現には、質マネジメントの中心的な考え方である「顧客志向」、「プロセス重視」、「全員参加」、「改善」などの重要な考え方が、さりげなく凝縮されているのである。

医療においては、医師、看護師、薬剤師、検査技師など職種による組織構造が一般的あり、患者の状態と外的環境の状況に対して、意思決定および意思決定に基づく対応のプロセスが求められる。患者中心のチーム医療を提供するために、「後工程はお客様」、「内部顧客」、「プロセスオーナー」の概念は有用であろう(「お客様」という表現はなじまないかもしれないが、「顧客」と読み替えればよいだろう)。各人が組織全体の中でどのような役割を果たすべきかを認識し、帰属職種における固有の価値観にこだわることなく、良質で安全な診療という目的を達成するような行動様式を促すことにつながるだろうと期待できる。

② 質に関する基本的考え方②
——患者を中心にした質の見方・とらえ方

1 医療における設計品質／適合品質

　製品・サービスの質には様々な捉え方があるが、「設計品質」と「適合品質」という側面がある（図5-1）。製品・サービスは顧客の要求・ニーズ・期待を満たすように設計される。設計とは「要求を満たす方法・手段の指定」であり、顧客は多様であるため、どの顧客のどの要求をどの程度満たすように設計するか難しい。設計の結果を仕様（スペック、specification）、設計行為を仕様化とも呼ぶ。設計品質とは、顧客の要求をどの程度満たす設計になっているか、その程度のことをいう。適合品質とは、実際の製品・サービスが設計の指定どおりにできているかという程度のことである。重要なのは設計品質であり、これが悪いと、売れない製品・サービスを提供し続けることになる。

　質のこの2つの側面は、「計画の質」と「実施の質」と言い換えられる。計画（実施しようとしたこと）がどれほど目的に合っているかと、実施（現実に実施したこと）がその計画にどれほど合っているか、である。

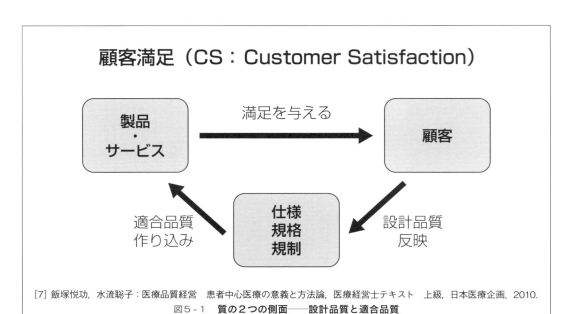

[7] 飯塚悦功，水流聡子：医療品質経営　患者中心医療の意義と方法論，医療経営士テキスト　上級，日本医療企画，2010.

図5-1　質の2つの側面——設計品質と適合品質

　医療の場合、診療の質に関わる問題を、診療方針・診療計画の妥当性・適切性と、その方針・計画どおりに実施できたかに切り分けて考えることが例になる。日常的な業務の例では、与薬において量を間違え投与直前に危うく発見して事なきを得たという問題に対して、そもそも処方箋の指示内容は正しかったのか(指示、計画の質)、それとも処方箋の指示は正しかったが実施においてミスをしたのか(実施の質)のどちらであるかを切り分ける。実施のミスについては、その実施手順に問題があるのか、それとも手順どおり実施しなかったのか、あるいはできない事情があったのかというように、計画と実施の問題のいずれであるかを分解していくことも有用である。

　医療の例をもう少し詳細に見てみる。顧客である患者およびその関係者には多様性があり、患者の状態だけでなく、関係者を含む周辺環境の状況も対象として医療は提供される。想定される顧客全体の要求・ニーズ・期待を満たすように、医療サービスの全体は設計される。個別の患者および関係者に対する医療サービスの提供にあたっては、その患者の状態および関係者を含む周辺環境の状況に基づいて、意思決定プロセスを含むサービス提供の個別計画がその都度設計され、個別計画に基づいて実施される。サービス提供の場合は顧客の状態に合わせた計画策定は当然なされるが、医療の場合は顧客の多様性が大きく、サービス提供にあたっては意思決定プロセスを含む個別計画の設計と実施が重要となる。

2　医療における業務の質

　製品・サービスの質を達成するためには製品・サービスを生み出すプロセスの良し悪しを問題にする必要があり、「プロセスの質」を考えることができる。同様に、業務、仕事の良し悪しについて考えるとき、「業務の質」「仕事の質」を考えることができる。質マネジメントの発展過程では、質を考える対象は、製品・サービスから、工程・プロセス、システム、業務、仕事、人、組織などに拡大され、改善活動につながっていった。製品品質だけでなくコスト、納期、生産性などを決定づけているプロセスを改善することで、質マネジメントは企業の体質改善のための経営ツールとして発展することになった。

　医療において提供される主たる製品・サービスは「患者の状態の変化」という無形の価値である。この質を維持し向上させるために、医療提供プロセスの質、診療行為の質が重要であり、質を考慮する対象を拡大することは有効であり、本質的である。医療提供組織内において、その質的レベルを向上するために、診療の質、診療プロセスの質、医師の質、看護業務の質、看護師の質、病院の質などが、どのような要素・側面から構成されるのか、さらにそれらがどのような要因によって左右されるのかを考察することには大きな意義がある。

3 魅力品質、当たり前品質

　質とは顧客満足であるということは、質が顧客の心理的充足感を意味している。この心理的充足度と、製品・サービスの性質がもたらす物理的充足度の関係の研究から、「当たり前品質」「魅力品質」という概念が提唱された（図5-2）。

　当たり前品質とは、物理的な性質が満たされていてもそれは当たり前に感じ、特に心理的充足感は与えないが、不十分であると不満を感じるような特性をいう。製品・サービスの基本的品質がこの性質をもつものと考えられる。たとえば、自動車におけるブレーキ故障、エンジン始動トラブルなどである。これに対し、物理的な性能が多少悪くてもそれほど不満を感じず、性能が良いと満足するような特性を魅力品質という。たとえば、車の自動運転技術、車を長時間運転したときの疲労感のなさなどである。関連して、物理的充足状況と心理的満足感が比例する関係にある質特性を「一元品質」という。たとえば、車の走行性能などである。また、心理的満足感が物理的充足に関係しないような品質特性を「無関心品質」という。

　これらの概念は、質の設計において重要であり、魅力品質によって売上増に貢献し、当たり前品質はクレーム発生に直接関係する。また、ある特性の価値や意義が顧客に認知されないときは無関心品質、少し認知されると魅力品質、一般的になると一元品質、常識的

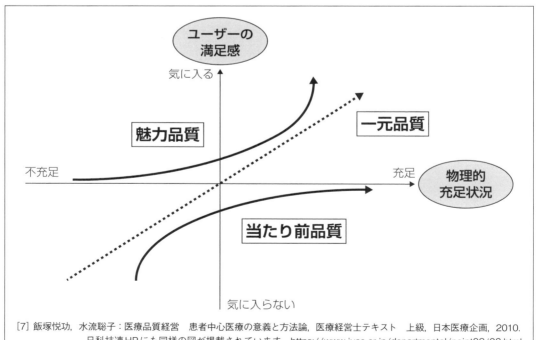

[7] 飯塚悦功，水流聡子：医療品質経営　患者中心医療の意義と方法論，医療経営士テキスト　上級，日本医療企画，2010.
　　日科技連HPにも同様の図が掲載されています　https://www.juse.or.jp/departmental/point02/08.html

図5-2　**魅力品質・当たり前品質（狩野）**

になると当たり前品質という、製品・サービスに対するニーズの成熟度の解釈も与える。

　医療における当たり前品質は、「安全」「医療ミスのないこと」「治癒することが常識的な疾患の場合、確実に治癒すること」などであろうか。魅力品質は、奇跡的な救命、心温まる看護、アメニティ、素人にも理解できる懇切丁寧な説明などであろう。時代の移り変わりにより、これらの一部は当たり前とはいわないまでも一元品質というべきかもしれない。質のレベルに対する認識は相対的なものなので、いつでもどこでも期待してよいなら当たり前になり、そうでなければ魅力的となる。その意味で、医療における当たり前品質、魅力品質とは、その国、地域の医療のレベルを表現する一面を持ち合わせているともいえる。魅力的であるか当たり前であるかは顧客が決めるものであり、時代により変化していくので、サービス提供側としては、提供するサービスが陳腐化して顧客を失うことがないよう、競争優位性を常に保つために、改善・イノベーションをたゆまず続けていく必要がある。

4 質保証

　顧客が満足する製品・サービスを提供すること、あるいはそのための活動を「質保証」という。質保証という概念は、製品・サービスの複雑さ、および提供者と顧客の距離の増大とともに生まれた比較的新しい概念、方法である。

　質保証のためには、初めから質の良い製品・サービスを提供できるシステムを構築・運用するとともに、もし質の悪い製品・サービスを提供した場合には適切な補償をし、再発防止をするという広範な活動が必要になる。

③ マネジメントに関する基本的考え方①——目的達成のためのすべての活動

1　管理は目的達成の継続活動

　質マネジメントにおいて、「マネジメント」「管理」は、「目的を継続的に効率よく達成するためのすべての活動」である。最も重要なことは「目的達成」であり、継続性と効率性も重要な側面である。

　「継続的に」というのは、たった一度だけの目的達成のために、マネジメント・管理は必要ないと示唆している。日常の行動において、まったく同じ目的を、まったく同じ手段で達成することはありえない。しかし、まったく同じではなくても似てはいる。患者には多様性があるが、誰もが人間に固有の性質をもっている。何らかの意味で繰り返しがあり、活動は継続的となり、マネジメント・管理が必要になる。「効率性」も重要であり、なるべく少ない投入資源で目的を達成するのが望ましい。

　マネジメント・管理の基本は目的達成であるので、目的を定めることが何よりも重要であり、目的の設定においては「重点志向」を心がけるべきである。取り組むべき課題はいつでも多いが、重要なものは少ししかない。これをパレートの法則という。質マネジメントにおいて取り組むべき課題についても"vital few, trivial many"（重要なものは少なく、つまらないものが多い）という法則が成立しているので、質に関わる目的達成においても重要なものから取り組むべきである。

　重点志向を実現するためにも、業務におけるDX（デジタルトランスフォーメーション）への投資は必須である（第4章参照）。単位時間当たりに提供できる製品・サービスの質向上を実現するIT投資は必須であり、以降で述べるPDCAに基づく標準化を経て、システム化を行っていくことが重要である。

2　マネジメントを効率的にするPDCA

　質マネジメント・管理を行う際に、PDCAのサイクルを回すことが効果的・効率的である。（図5-3）。経営工学（Industrial Engineering）の分野にはPDSサイクル（Plan計画する、Do実施する、See見る）という本質的に同じ概念がある。

　Plan（計画）においては、まず、管理の対象についての「目的」を明確にする。医療事故

Plan
　　　P1：目的、目標、ねらいの明確化
　　　P2：目的達成のための手段・方法の決定
Do
　　　D1：実施準備・整備
　　　D2：（計画、指定、標準通りの）実施
Check
　　　C1：目標達成に関わる進捗確認、処置
　　　C2：副作用の確認、対応
Action
　　　A1：応急処置、影響拡大防止
　　　A2：再発防止、未然防止

[7] 飯塚悦功, 水流聡子：医療品質経営　患者中心医療の意義と方法論, 医療経営士テキスト　上級, 日本医療企画, 2010.

図5-3　PDCAのサイクル

を減少したい、患者満足を向上したい、財務を健全にしたい、などである。次に、目的達成の程度を計る尺度である「管理項目」を決める。事故件数、インシデント件数、患者クレームの件数・発生率、収入、原価、利益率などである。第三に、管理項目に関して到達したいレベル（管理水準、目標）を定める。目的達成手段を決めることも重要である。方策・手段への展開、業務標準・作業標準の策定などである。目的達成に最適な方法、手段、手順を明らかにし、実施者がその最適な方法を適用できるように、標準、ガイド、マニュアルの形にしておく必要がある。目標だけ示して実現手段をまったく考えていない計画は計画とはいえない。

　Do（実施）においては、まず、「P2：目的達成のための手段・方法の決定」に従って、設備・機器、作業環境を整備し、実施者の能力の確保など、実施の準備・整備を行ったうえで、実施者が、Plan（計画）で定めた実行手順どおりに実施する。実行手順どおり実施しても良い結果が出ない（つまり実行手順が悪い）ときに、自分で手順を変えて良い結果を出したとき、管理者はその実施者をどのように扱うべきか。悪法も法であり、ルールを破ることはよくないが、そうしなければ良い結果を出せない。この場合、ルール、手順の不備に気がついたらすぐに申告させ、ルールを正したうえで実施すべきである。様々な業務実施上の良い知恵を組織の知識として蓄積し、良い結果を出すための基盤としてのプロセスを獲得しておくことが重要である。

　Check（確認）においては、当初の目標の確認とともに、いわゆる副作用が起きていないかどうかを調べることも大切である。"事実に基づく"確認を心がけることが肝要である。計画どおりいっていない状況を調べるには、事実に基づかない限り意味がない。

　Action（処置）においては、確認において目標とのずれがあったら処置をとる。不具合現象そのものを除去する「応急処置」とともに、二度とそのようなことが起きないようにその問題発生の原因を除去する「再発防止」を行う。

3　迅速かつ柔軟な意思決定を実現するOODAループ

　迅速かつ柔軟な意思決定を実現する理論として、アメリカ空軍のパイロットであったジョン・ボイド大佐の提案に基づく、OODAループがある。観察（Observe）、情勢判断（Orient）、意思決定（Decide）、行動（Act）という4つのプロセスを繰り返す（ループ）。航空戦においてパイロットが戦果を挙げるために最も重要なことは意思決定と行動の速さであり、迅速な意思決定と行動を実現するためには情報収集と状況判断が重要であるとして、理想的な意思決定プロセスをモデル化したものである。元々はパイロットという個人単位の意思決定プロセスをモデル化したものであるが、後に軍における指揮官の意思決定にも応用されるようになり、ビジネスや政治など他の分野にも応用されるようになった。

　Observe（観察）においては、情報収集する。収集する情報は一次データ（生データ）であることが望ましい。生データを有用な情報へ加工するのは、次の段階で行う。

　Orient（情勢判断）においては、収集した情報に基づいて、意思決定者が状況を理解し判断する。観察で得られたデータから、利用可能な「インフォメーション」を抽出する作業、と言い換えることもできる。情勢判断の結果によって次の段階である意思決定の内容が左右され、その後の行動にも影響するため、状況判断はOODAループにおいて最も重要な段階である。OODAループでは、状況判断のプロセスにおいて誤りの修正が求められるため、直前の状況判断が誤っていた場合に、そのことに気づけることが重要である。

　Decide（意思決定）においては、情勢判断に基づいて次に取るべき行動を決定する。何をするべきかという直近の目的を設定し、目的達成のための手段を策定し、場合によっては計画も立案する。まだ実行に移るべきでないという意思決定がなされた場合は、すぐさま観察の段階に戻る。

　Act（行動）においては、意思決定によって下された決定に基づいて、実行する。行動により何らかの結果が返ってくるので、その結果を「観察」することでループを最初から始めていく。これを繰り返していくことで、OODAループが完成する。

　PDCAは工場の生産ラインなどあらかじめ明確な計画を立てやすい場合に有用なのに対して、OODAは新規性の高いイノベーションや不確実性の高い分野など、明確な見通しを立てづらい場合に有用である。適用する目的が異なるため、業務の大枠はPDCAによって管理し、不確実性の高い事象を扱う業務など、迅速かつ柔軟な意思決定が求められる場面はOODAで対応するなど、両者を併用して場面ごとに使い分けることで、様々な状況に対応できるマネジメントシステムを構築することができる。

　医療の場合は、患者の状態に合わせた意思決定プロセスを経てサービス提供されている実態があるため、PDCAのみで業務フローを書き出して改善していくには、あまりに多くの対応を求められることから、多くの業務に追われる現場では限界がある。PDCAの根底にはOODAがあり、医療従事者は頭の中で繰り返しシミュレーションをしながら行動することが「当たり前」の行動であるため、この部分を可視化して共有することは重要である。この部分を可視化することで、そこから続く業務の効率化、リスクの最小化へつなげていくことが可能となる。

　医師は患者の病態に対して意思決定と対応を行い、看護師は症状の程度や心の不安の程度などの状態に対して意思決定と対応を行うなど、職種ごとに役割分担が明確なため、役割を担う範囲でOODAを適切に行っていくことが、医療の現場に最もフィットする。これまでに医療業界でプロセスといわれる場合は業務プロセスを指すことが多いが、整理していった結果プロセスの数が非常に多くなったり、フローの中で複雑な分岐（それも、正確性に疑問が残る場合もある）が出てきたりするのは、このような根源的な意思決定を理解していないことに起因する場合が多い。意思決定の結果を踏まえた対応を含む業務プロセスが一連のフローとして整理できれば、その業務プロセスは抜本的に見直され、合理的なプロセス設定がなされたと考えることができる。

マネジメントに関する基本的考え方②——マネジメントの秘訣

1 事実に基づく管理

　質マネジメントは管理における科学性を重視し、「事実に基づく管理」を推奨している。「事実に基づく管理は、KKD（Keiken：経験、Kan：勘、Dokyo：度胸）のみに頼る管理に警告を発するものであるが、KKDを否定するものではない。調べれば分かることは事実を調べよということであり、むしろKKDの活用を勧めている。たとえば、問題の原因を追及するときには、既知の事実から想定される原因を経験や勘に基づいて考えるのが普通であり、ベテランや勘の良い人は鋭い指摘をする。ただし、これらはあくまでも仮説であり、必要に応じて検証しなければならない。OODAにおいてもKKDは否定されるものではなく、客観的にロジカルに評価できることが重要である。同じ趣旨で、「現場」「現物」「現実」という３つの「現」による「３現主義」という原則もある。何か問題が起きたら、現場に行って、現物で、現実的に取り組めという教えである。

　事実に基づく管理では、既知の事実だけでは不十分な可能性があることに注意しなければならない。たとえば、潜在クレームが挙げられる。顧客からの苦情がないということが本当に苦情・不満が存在しないという意味ではなく、単に顧客が不満を訴えていないだけで、その不満が顧客の減少、リピートオーダーの減少として顕在することになるかもしれない。

　医療の分野では、EBM（Evidence Based Medicine：根拠に基づく医療）の重要性が指摘されているが、趣旨は同じである。大切なことは、目的達成のための行動であるマネジメントは、科学的（事実に基づく論理的思考）でなければならない、ということである。

2 プロセス管理

　質を達成するための方法論として、質マネジメントでは、検査（医療における検査ではなく、部品、製品などを調べて良否を決める行為）の重要性を認めつつも、検査で不良品を取り除くよりも有効な手段として「工程で品質を作り込む」ことを推奨している。検査で何とかするよりも、初めから質の良い製品・サービスを提供できるプロセスを確立しようとするものである。

　一般に、良い結果を得るためには、その結果を生み出すプロセスに着目するのが有効であり、これが「プロセス管理」の基本的な考え方である。プロセス管理とは、「結果を追うだけでなく、プロセス(仕事のやり方)に着目し、これを管理し、仕事の仕組みとやり方を向上させることが大切」という考え方に基づくマネジメントの方法である(図5-4)。この図のプロセスは、典型的な製造工程をイメージして描かれている。原材料・部品、作業者の技量、作業方法、手順、製造条件、作業環境、設備・機器の状態などを、良い結果が得られるように管理し、適当なステップで中間製品・サービスを確認し必要に応じて処置をとる、というようなイメージである。

　プロセス管理においては、「プロセスで作り込むべき質」と「プロセスの条件」との関係を知らなければならない。製造業で発展してきたプロセス管理という考え方は、一般的な業務の質を管理する際にも有効である。事務作業においてミスが発生したとき、チェックする、チェックを強化する(ダブルチェックにする)というアプローチもあり得るが、ミスの原因を明らかにしてプロセスを改善することで発生率を減少させるほうが有効である。

3　応急処置、再発防止・未然防止

　A =Action(処置)において、「応急処置」とは、望ましくない状況、現象そのものを除去することである。これに加えて、原因不明、あるいは原因は明らかだが何らかの制約で直接的な対策のとれない異常に対し、損失を大きくしないために、結果や原因系に対してとる処置や、のちに本格的な再発防止をするが、それに先駆けて行う暫定処置も含まれる。応急処置においては、迅速、正確、誠実が重要である。

　「再発防止」とは、問題が発生したときに、プロセスや仕事の仕組みにおける問題発生原因を調査してその原因を取り除き、二度と同じような原因で問題が起きないように対策すること、すなわち原因分析に基づく原因の除去をいう。

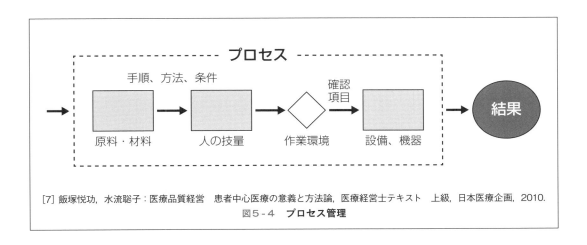

[7] 飯塚悦功, 水流聡子：医療品質経営　患者中心医療の意義と方法論, 医療経営士テキスト　上級, 日本医療企画, 2010.
図5-4　**プロセス管理**

　「未然防止」とは、発生すると考えられる問題をあらかじめ計画段階で洗い出し、それに対する修正や対策を講じておくことをいう。C（Check、確認）において、望ましくない事態に直面したとき、応急処置に止まらず、再発防止、未然防止のための処置をとることによって、マネジメントのレベルが上がる。これこそがPDCAのねらいでもある。

　P（Plan、計画）には、目的・目標に加え、達成手段の明確化が含まれる。再発防止、未然防止のための有効な処置を導き出すためには、達成手段の不備に対する深い解析が必要であり、問題解決力を基盤とするマネジメント能力の向上によって組織の実力が上がっていく。

4　医療における処置

　与薬において患者に投与する直前に投薬量の誤りを発見して事なきを得たという例を考えてみる。半分量を用いるべきところ全量を点滴容器に注入してしまった、という誤りがあったとする。まず実施すべきは応急処置であるが、基本は正しい投薬量で投与することである。2倍量の投与がなされた後に発見された場合、誤投与から発見までの時間にもよるが、患者に対する何らかの緊急対応が、ここでの重要な応急処置となる。

　応急処置を適切に行った後は、要因解析を経て再発防止策を検討する。誤りの原因が、投薬量の変更指示にもかかわらず、前と変わらないと早合点して点滴の準備をしたことにあるとする。処方箋と照合して1つずつ確認するのがルールなのだが、投与内容の全体を一覧して、薬局から上がってきている薬剤を準備し、事後の確認をきちんとやっていなかったとすると、再発防止策は、解明できた誤りの原因に応じていくつか考えられる。処方箋の指示の1項目ごとの実施、薬剤・投与量の確実な確認、変更表示の工夫、二重の確認などである。ルールを守らずに作業する背景要因の分析に基づき、再教育、無理のないルールへの変更なども、再発防止策となる。

　余力があれば、もう一歩踏み込んで未然防止策を検討する。未然防止策としては、変更時の業務処理プロセスの見直し、日常的に守られていないルールの特定とその要因の分析・対応などが考えられる。このインシデントは、幸い患者への実害もなかったとすると、日常茶飯で起こりえる問題で、今後は注意深く行えばよいように思える。だが、時と場所を変えて、同じような問題発生メカニズムが、致命的になることもありえる。

　この手の分析では、問題を起こしたこと自体を責めないことが重要である。済んだことの責任の追及が目的ではない。大事を起こしてしまったら、その大事の被害を最小化するための緊急対応が最も重要である。ことが収まったら、将来に活かすべき教訓をその事例から獲得することが肝要である。Pで挙げた目的を達成するように迅速に修正を行い、なんとか大事に至らぬようにし、因果分析に基づいて、目的達成手段のレベルアップを図るのである。

5　全員参加

　質の良い製品・サービスを提供するためには、その製品・サービスに固有の技術と、その技術を使って製品・サービスを生み出すマネジメントシステムが必要である。これら技術やマネジメントシステムは完全ではありえない。また、事業環境、市場の変化、技術革新などに対応するため、常に最善を求めて改善を積み重ねる必要がある。

　プロセス、システムの改善は関係者全員の参画で行うべきである。問題の真の姿は当事者が一番よく知っている。現場第一線の人々に問題意識・改善意識をもつことの重要さを説き、問題解決の方法論と手法を習得してもらったうえで、日常の維持管理活動の中で改善を行える組織運営を行うことの意義は大きい。第一線の人々にも創造性が要求されるため、自主性、主体性、積極性が醸成される。結果として、自分(たち)の仕事と提供する製品・サービスの質との間の関係が理解できるようになる。職場の中での自分の仕事の位置づけを理解できるようになる。生産やサービス提供に用いる機器、設備、道具、情報システムなどの動作原理、構造、論理などがわかるようになる。そして、自分たち自身で主体性をもって問題解決を行うような組織ができあがる。

　医療は、医師、看護師、薬剤師、検査技師など資格を有する職種による組織構造である。有資格者の場合、資格をもつことでその分野のプロだという意識が強くなり、改善の意識に乏しい場合がある。有資格者であっても、マネジメントのプロというわけではないし、固有技術は常に進化していくものであるので、常に最善を求めて改善を積み上げていくことが肝要である。

マネジメントに関する基本的考え方③ ——標準化によるベストプラクティスの共有

1　標準化

「標準化」とは「標準を設定し、これを活用する組織的行為」と定義されている。「標準」の1つの意味として「関係する人々の間で利益または利便が公正に得られるように統一・単純化を図る目的で、物体、性能、能力、配置、状態、動作、手順、方法、手続、責任、義務、権限、考え方、概念などについて定めた取り決め」と定義されている。

標準化の目的は「統一・単純化」にある。統一することによって「互換性」が確保され、ネジ、プラグ、電球のようにどこでも使えるようになる。用語、記号、言語を決めることによって、説明なしで通じて「コミュニケーション」が図れる。特別の説明を要することなく知識、情報、価値観を「共有」することができる。海外旅行で、電源プラグの規格が異なり困ったことはないだろうか。電圧とプラグの形状は、世界的に統一ができていない。それでも数種類に限られており、変換プラグなどの多様性に対応する技術的工夫により克服している。限定的だが、ある程度統一されているおかげである。

単純化によって、大量生産、効率向上、原価低減、品質向上が可能となる。単純だから大量に作れるし、効率が上がり、安価になり、品質が良くなる。一般にこのようにして、標準化によって、質と効率の向上が図れる。

標準化は管理の手段であり、標準とは計画である。PDCAの項で述べたように、Plan（計画）のうち、実行手順を定めるという機能は、たとえば作業標準を定めることであり、その意味で標準とは、ある目的を達成するための実現手段の計画にほかならない。

2　知識の再利用

標準と呼ばれるものには2種類ある。第一は、決めなければならない標準であり、統一による混乱の回避が目的である。たとえば、右側通行・左側通行は、どちらでもよいが、とにかくどちらかに決める必要がある。さもないと正面衝突が頻発する。第二は、決めたほうがよい標準である。これは、経験の活用、計画の簡略化と言い換えてもよい。（技術）標準とは「すでに経験して良いということがわかっているモノや方法」であり、このような標準の活用は、知識の再利用、経験の有効活用、省思考（考えること、計画を省く）である。

　標準化の目的は良いこと、正しいことの適用である。誰かが経験をして「正しい、良い」ことがすでにわかっているモノや方法を適用することにより、質と効率の同時達成を図ること、これが標準化のねらいである。その意味で、標準化とは、ベストプラクティスの共有のための手段といえる。

3　改善の基盤・独創性の基盤

　現状の方法(計画、基準)を明確にしておいて、不具合の原因を「計画」「基準」に求め、計画・基準(＝標準)の改訂によりシステム改善を図ること、これが改善の原則である。したがって標準化は、改善の基盤となる。

　標準化は独創性の芽を摘むという指摘があるが、これは誤解であり、標準化は独創性の基盤でもある。新しいこと、難しいこと、重要なことにリソース(人、時間、カネ)をつぎ込むために、どうすればよいかわかっていることについては考えない(省思考)で、良いとわかっているものを適用するのが賢い方法であろう。良い結果を生む方法を標準にしておいて改めて計画する必要をなくし、その分を独創的な仕事に振り向けることができる。

6 マネジメントシステムモデル①──経営における3つの管理

1 タテの管理（日常管理）、ヨコの管理（経営要素管理）、方針管理

　質マネジメントでは、「管理項目」について長年にわたる議論があった。管理における方針の重要性が指摘され、方針を達成するための管理の方法論が検討され、「方針管理」という経営管理の方法論を生み出した。経営管理を以下に示すような3つに整理している。

・静的管理
　　①タテの管理：日常管理（分掌業務管理、部門別管理）
　　②ヨコの管理：経営要素管理（機能別管理、管理目的別管理、部門間連携）
・動的管理
　　③方針管理（環境適応型全社一丸の管理）

　日常管理とは、組織の指揮命令系統を通じて実施する業務分掌に規定された業務に関わる管理、すなわち、それぞれの部門で日常的に当然実施されなければならない分掌業務について、その業務目的を効率的に達成するためのすべての活動の仕組みと実施に関わる管理である。

　経営要素管理とは、品質、コスト、納期などの、経営要素（機能、管理目的）を軸とした部門をまたがるプロセスがあると考えて、このプロセスを全社的（または全事業部的）な立場から管理しようとするものである。

　方針管理とは、環境の変化への対応、自社のビジョン達成のために、通常の管理体制（日常管理の仕組み）の中で満足に実施することが難しいような全社的な重要課題を、組織を挙げてベクトルを合わせて確実に解決していくための管理の方法論である。

　これら、静的管理と動的管理のダイナミクスが経営であるといえる。

⑦ マネジメントシステムモデル② ──日常管理

1 日常管理の意味と意義

　日常管理とは、組織の指揮命令系統を通じて実施する業務分掌に規定された業務にかかわる管理をいう。その基本は、業務目的の明確化、業務プロセスの定義、業務結果の確認と適切なフィードバックである。部門が果たすべき業務のPDCAを適切に回すことで実施する。

　具体的には、業務分掌を（組織全体としての目的の達成度合い、他部門との関係を考慮して）適切に定め、業務遂行のための資源（4 M：Man、Machine、Material、Measurement）を確保し、それら資源を使って目的を達成するプロセスを定義し、これを標準化し、標準どおりの業務を実施する。実施結果はあらかじめ定めた基準との対比において把握し、満足できない状況であるならば応急処置、再発防止を行う。必要に応じて計画にフィードバックすることで、日常管理のレベルアップを行っていく。

2 日常管理の進め方

　日常管理の基本は、分掌業務のPDCAを適切に回すことであるので、具体的な日常管理の進め方は、PDCAの各ステップでの実施事項として理解するとわかりやすい。
《Plan》
①それぞれの部門の分掌業務が何であるか（どんな入力を得てどんな出力を出すのか）を確認する。
②それぞれの分掌業務の目的が何であるかを明確にする。
　「業務機能展開」により体系的に行う。ここでいう"機能"とは目的という程度の意味である。その業務の目的を明確にして、必要に応じて展開し、ときにはその目的達成のための手段に展開することにより、何をするか、何のために何をするかを明確にする。
③その目的の達成度合を測る尺度としての管理項目ならびにその管理水準（目標）を明らかにする。チェックのサイクルも決める。
　管理項目とは、各部門が自部門に与えられた業務の目的を達成しているかどうかを判断し必要なアクションをとるための尺度である。

　管理項目には、目的尺度と効率尺度の2種類がありえる。業務目的をどの程度達成しているかを把握するための尺度と、その目的をどの程度の効率で実施できたかを測る尺度である。

　各部門の管理項目の例を挙げておこう。

- 組立：検査発見組立ミス件数、組立責任市場クレーム件数、組立内発見ミス件数、直行率
- 検査：不良品見逃し件数、良品を不合格とした件数
- サービス：サービス即応率、再修理件数
- 販売：納期遵守率、発注変更率、売上、受注
- 設計：量産立ち上がり時設計責任トラブル件数、量産立ち上がり遅延日数、設計変更件数

④その目的を達成するための手順を明らかにする。

　フローチャート、マニュアル(規程、標準書、要領など)、帳票を明確にする必要がある。QC工程表のようなもので要点をまとめることも必要である。これらのマニュアルには、この手順を実施する前に満たされていなければならない要件(たとえば、従事者の資格または必要な教育・訓練、部品または材料が満たすべき要件、設備、計測器の保守など)についても、あらかじめ定められていなければならない。

　ここでの重要概念は、目的達成のために必要なプロセス条件の最適化である。

《Do》

⑤　④で規定された従事者、部品・材料、設備、計測器についての要件を満たす活動を行う。

⑥　④で規定された手順に従って実施する。

《Check》

⑦　⑥の結果を③で規定された管理項目で把握し、管理グラフなどに記入する。

⑧　③で規定された管理水準内にあれば⑥に戻る。

《Action》

⑨もし飛び出していれば、しかるべき応急処置をとるとともに、その原因を究明する。管理項目、管理水準、または手順そのものに問題があれば③または④に戻り、手順の修正を行う。また、実施段階に問題があれば⑤または⑥に戻り、しかるべき対策を打つ。

　重要なことは、異常が発生したときに、迅速・正確・誠実に、その異常現象を除去し、影響の拡大を防止するとともに、固有技術、マネジメントシステムに対する異常原因の除去という再発防止のための是正処置である。これが「改善」の原点である。

⑩特に重要な管理項目については、月次(または四半期あるいは半期)ごとに上記の管理状況を月報などの形で把握し、特に慢性問題についての改善活動を計画的に推進する。

⑧ マネジメントシステムモデル③ ──経営要素管理

1 経営要素管理の意味と意義

経営要素管理は、各部門における日常管理を前提として、組織全体として組織目的を達成するために、部門の目的を直接問題にするのでなく、部門を超えて、組織全体として達成しなければならない、質、コスト、納期などを部門横断的に管理するものである。

これによって、部門の壁を打ち破り、真に目的志向の、全社一丸となった管理体制の基本的枠組みを構築することができる。

2 経営要素管理の方法

経営要素管理は、実際には、委員会などを組織して、この場で全組織的視点からの課題を明確にし、経営要素ごとに実施計画を立案し、実施担当部門の日常管理を通して実施し、実施結果を全社的立場から評価し必要なアクションをとっていく。

経営要素管理の成否は、全社的視点と部門間の壁の打破にある。すなわち、部門を横断するプロセスの存在を認識することと、自部門が実施すべきことのうちには他部門との関わりで決まるものがあることを理解し、全体最適化のために自らの部門の役割を認識し、着実に実施していくことである。

⑨ マネジメントシステムモデル④ ——方針管理

1　方針管理の意味と意義

　方針管理とは、環境の変化への対応、自社のビジョン達成のために、通常の管理体制（日常管理の仕組み）の中で満足に実施することが難しいような全社的な重要課題を、組織を挙げてベクトルを合わせて確実に解決していくための管理の方法論である。

　経営環境が静的であれば、そして組織の目的が適切に定められ、それが各部門の目的に適切に展開されて妥当な日常管理の仕組みが構築され、さらに部門横断経営としての経営要素管理が適切に運営されれば、これで組織運営はほぼうまくいくはずである。

　方針管理は、この2つの管理では十分に対応できない"変化"への対応に焦点を当てた管理である。静的な意味で最適な管理システムであっても、経営環境の変化に応じた、全社一丸の動的な管理もまた重要である。組織は、少数の重要経営課題を設定し、これらの課題を達成するために、全社を挙げた体系的な管理システムを構築することが必要である。

2　方針管理のキーポイント

　方針管理に類する管理はどんな組織でも実施している。ドラッカーの提唱した目標管理は、組織目標の達成に組織を挙げた取り組みの重要性を指摘し、そのための1つの方法論を与えたものである。目標管理の特徴は、目標の分解による各人の目標を明示することと、インセンティブを設けることによる各人の目標達成を確実にすることにあった。

　方針管理は、同じ目的をもっているが、要点は実現可能性も考慮した目標の展開、目標達成の方策・手段への展開、実施過程における「プロセス管理」の原則の適用、年度末の大々的な「反省（振り返り）」にある。方針管理の影響を受けて、今では目標管理も変身していて、事実上、方針管理と変わりはない。

　方針管理の成否を左右するポイントを以下に示す。
・重点を絞った合理的かつ明確な全社（全事業部）方針の設定（方針策定）
・各部門・各階層への十分な伝達・理解（方針展開）
・方針達成のための具体的方策の立案（具体的方策）

・実施過程における進捗チェックとフォロー(プロセス管理)
・年度末などにおける未達原因の深い解析(問題解決力)

3 方針管理のステップ

方針管理のステップとポイントを以下に示す。
・方針の策定
　　中長期計画、社内外の情勢分析、前年度の反省
・方針の展開
　　目標の展開／方策への展開
　　すり合わせ、キャッチボール、整合性(Top-down + Bottom-up)
・方針の実行
　　実行可能な実施計画の作成
　　　　上位方針達成にあたっての現状の問題点の把握・解析
　　　　実施項目の決定、管理項目、管理水準(目標)の設定、担当者の決定
　　　　実施スケジュールの決定
　　実施計画書に基づく実施
・活動状況のチェック
　　日次、月次のチェック。トップ診断による活動状況のチェック
　　プロセス重視、未達成要因の解析
・処置
　　その件をどうするか(遅れを取り戻す、ヒト・モノ・カネをつぎ込む、計画変更)
　　阻害要因に応じた処置(技術的難しさ、環境の変化、仕事の仕組みの悪さ)
・次年度への反映(反省、振り返り)
　　今年度方針未達成原因の分析
　　方針管理の仕組みの反省

4 革新

　方針管理の本質が"変化への対応"のための"全社一丸"の管理システムにあるとするなら、現代の経営において重要とされる"革新"においても十二分にその機能を果たさなければならない。ポイントは、方針そのものの設定にあり、方針管理は当初、この目的を達成することを主眼としてきた。しかしながら、日本の社会・経済の発展過程において高度成長期という特異な時代にあって、次第に設定された方針を全社一丸でほぼ完全に達成するための方法論に変化していった。

　方針は、それなりの環境分析・認識に基づいて設定されるものの、設定される方針の妥当性の担保のための方法としては、十分に成熟はしなかった。この反省から、1990年代になって、「戦略的方針管理」が提案され、またJIS Q 9005の質マネジメントシステムモデルにおいては、競争優位の視点から、組織のあるべき姿を考察し、現状とのギャップを克服するために革新の重要性が指摘され、その方法が提示されている。

10 プロセスの計画と管理①──プロセスの概念

1 医療プロセスの管理における重要な要素とは

　医療サービスを提供するためのプロセス（医療プロセス）は、意思決定プロセスおよび意思決定を踏まえた対応のプロセスから構成される。医療プロセスの管理にはプロセスの概念が有用であり、重要な要素として以下の2つのことを挙げる（図5-5）。

（a）ユニットプロセスの管理
（b）プロセスフローの管理

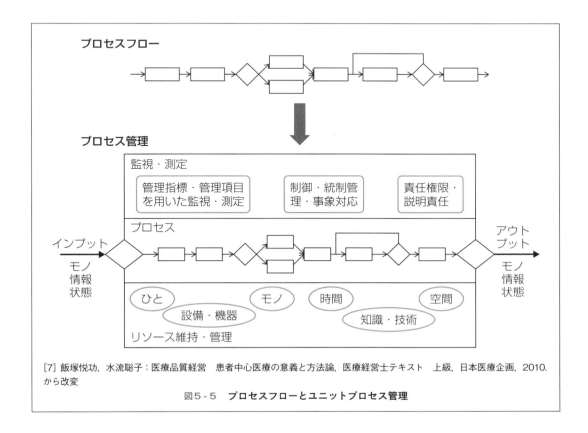

[7] 飯塚悦功, 水流聡子：医療品質経営　患者中心医療の意義と方法論, 医療経営士テキスト　上級, 日本医療企画, 2010. から改変

図5-5　プロセスフローとユニットプロセス管理

2　ユニットプロセスの管理

（a）ユニットプロセスの管理は、医療プロセスを適度に切り分け、あるまとまった単位で捉えられる一連の活動を、インプットをアウトプットに変換するプロセスと見なして管理することである。

　プロセスを構成する要素をとして以下のようなものが考えられる。

・インプット：プロセスに入力され出力に変換されるモノや情報
　　　　　　　　原材料・部品、補助材料、入力情報、参照情報、初期状態など
・アウトプット：プロセスのインプットが変換されて出力されるモノや情報
　　　　　　　　製品、半製品、部品、出力情報、最終状態など
・活動：インプットをアウトプットに変換するためになされる一連の活動
　　　　　　　　意思決定、実施事項、手順、方法、条件など
・資源：プロセスの活動を支え、また投入される経営リソース
　　　　　　　　人材、供給者・パートナー、知識・技術、設備・機器、施設、作業・業務環境、
　　　　　　　　支援プロセス、支援システム、インフラなど
・測定・管理：プロセスの目的達成、活動状況を把握し管理するための測定・管理項目
　　　　　　　　アウトプット特性、プロセス活動状況、プロセス条件特性など
・責任・権限・説明責任：当該プロセスに関わる責任、権限、説明責任

　目的（アウトプット）を得るために、何を受け取り（インプット）、どのような資源を使い（リソース）、意思決定を含めどのような活動をするか（活動）、またその間どのような状況把握や介入をするか（測定・管理）を明らかにする。これらの関係に加え、インプット、リソース、アウトプットの確認も必要である。

　医療における血液の検体検査の例を取り上げる。検体検査が以下のような流れで実施されるものとする。

検査指示→検体採取準備→検体採取→院内搬送→分析・測定前処理→分析・測定→報告

　このうちの検体採取プロセスについて、具体的な項目を挙げる。

・インプット：患者、採血管
　インプット確認：患者確認、採血管確認
・アウトプット：採血検体
　アウトプット確認：採血完了確認

・活動：資源の選択（意思決定）、採血、攪拌、……
・資源：採血者、採血技術・技能、採血器具、採血場所、試薬、……
　リソース確認：採血器具確認
・測定・管理：採血ミス件数、時間、ミス対応手順
・責任・権限・説明責任：説明、誘導、指示

3　プロセスフローの管理

　対象とする医療プロセスがある程度大きいとき、一般に目的や実施者の異なる一連の活動が必要となり、ユニットプロセスの連結と捉えることができる。どのようなユニットプロセスが必要で、どのような順序で、どのように連結してアウトプットを得るかを考察することが、（ b ）プロセスフローの管理である。

　検体検査の例では、検体検査全体としてのインプット、アウトプットなどを考えることもできるが、検査指示情報というインプットから、検査報告というアウトプットを得るまでに、採取準備、採取、院内搬送、前処理、分析・測定という活動が必要であり、それらの活動をユニットプロセスと捉えて、ユニットプロセスのそれぞれについてインプットやアウトプット等を考察してプロセス管理の方法を考えるほうが、精緻な管理方法の考察ができる。ある医療プロセスについて、適度な大きさ、適度な単純さの活動の単位からどのように構成されているかを考察し、それぞれの活動単位をユニットプロセスとして管理することが現実的である。

　プロセスフローという考え方は、どのようなユニットプロセスが必要か、ユニットプロセス間にどのような関係があるかを把握するのに有効である。あるユニットプロセスのアウトプットが他のユニットプロセスのインプットになるという関係を基本として、あるユニットプロセスのアウトプットが、他のユニットプロセスの"リソース"になることもある。たとえば、検体採取で必要となる、採血者、採血技術・技能、採血器具、採血場所、試薬などの"リソース"を準備するプロセスが、実は他に存在している。採血者のスキル向上プロセス、採血器具の準備プロセス、採血場所の清潔維持プロセス、試薬準備・管理プロセスなどである。

　プロセスフローには、こうしたユニットプロセス間の関係のみならず、プロセスの流れの構造も表現される。たとえば、試薬の準備・管理は、上記の検体検査プロセスと並行して行われる。上記の例には含まれていないが、状況に応じて次に実施することが異なる（分岐）ことや、必要に応じて何回か繰り返す（反復）こともあり得る。こうした"プロセスの流れの構造"を理解することも重要である。

プロセスの計画と管理②　──業務プロセス管理

1　業務プロセス管理と業務標準

　業務プロセス管理とは、当該業務における目的を達成するための適切な業務プロセスを設計し、運用・改善していくためのすべての活動である。業務プロセス管理のフレームワークを二重のPDCAサイクルが提案され（図5-6）、二重のPDCAサイクルにおける各要素が整理されている（表5-1）。

　管理の対象として"プロセス実施"と"プロセス設計"の2種類を設定し、それぞれの管理を「プロセス実施の管理」と「プロセス設計の管理（業務管理標準の作成・維持・改善）」と呼ぶ。業務管理標準の作成・維持・改善を大きなPDCAで表現し、D2部分の管理をプロセス実施の管理として小さなpdcaで表現している。プロセス実施の管理とプロセス設計の管理は、目的、管理方法、管理者等が異なる管理であり、明確に区別する必要がある。

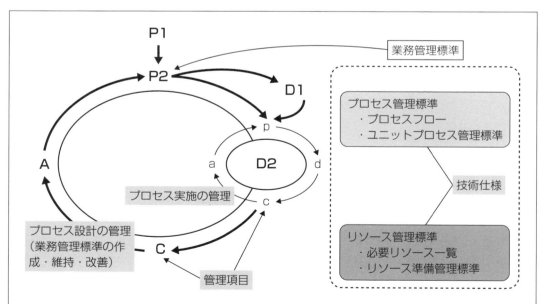

[10] 加藤省吾, 伊藤怜史, 飯塚悦功, 下野僚子, 水流聡子（2015），病院における日常業務のプロセス管理標準を設計するための方法論，品質，83-97.

図5-6　業務プロセス管理のフレームワーク

表5-1 **業務プロセス管理の概要**

プロセス設計の管理 （業務管理標準の作成・ 維持・改善）		プロセス実施の管理		行う内容
P1：業務目的	P1-1：業務目的を明らかにする			①それぞれの部門が果たすべき業務が何であるか（どんな入力を得てどんな出力を出すのか）を確認する。 ②それぞれの業務の目的が何であるかを明確にする。
	P1-2：管理項目を設定する			③その目的の達成度合を測る尺度としての管理項目、および管理水準（目的）を明らかにする。
P2：業務管理計画	P2-1：技術仕様を明確にする			④業務管理計画のベースとなる技術仕様を明確にする。
	P2-2：プロセス・リソース管理計画を定める			⑤業務目的を達成するための手段・方法を明らかにし、プロセス管理計画・リソース管理計画を定める。
D1：リソース準備	D1-1：業務プロセスに必要な事前準備を行う			⑥⑤で規定された要件を満たすための人員の教育・訓練を行う。 ⑦⑤で規定された要件を満たすための設備調達を行う。
	D1-2：リソースの準備・整備を行う			⑧⑤で規定されたスタッフ、設備・機器、材料についての要件を満たすための準備・整備を行う。
D2：プロセス実施		p：プロセス管理計画	D1を経て実施可能なプロセス管理計画	⑨⑧で準備・整備されて実施可能な状況になった⑤の業務標準の一部。
		d：プロセス管理計画に基づく実施	プロセス管理計画通りの実施	⑩⑨で規定された業務標準の一部に従って実施する。
		c：実施状況の確認	c-1：プロセス実施状況の確認	⑪⑩の結果を③で規定された管理項目で把握する。 ⑫③で規定された管理水準内にあれば⑨に従って業務を継続する。
			c-2：計画外事象の確認	⑬③で規定された管理項目以外に、望ましくない状況が起きていないか把握する。
		a：プロセス条件調整・リソース調整・影響拡大防止	a-1：プロセス条件調整	⑭管理水準外もしくは望ましくない状況にあり、プロセス条件に原因が考えられる場合は、プロセス条件を調整して再発防止する。必要に応じて原因を究明する。
			a-2：リソース調整	⑮管理水準外もしくは望ましくない状況にあり、リソースに原因が考えられる場合は、リソースを調整して再発防止する。必要に応じて原因を究明する。
			a-3：影響拡大防止	⑯管理水準外もしくは望ましくない状況が、その後の状況や後工程に影響を与えることを防止する。
C：プロセス能力の評価	プロセス能力を評価する			⑰プロセスが効率的に業務目的を達成しているか、不具合が発生していないかを評価する。
A：業務管理標準の改善	業務管理標準を改善し、再発防止、未然防止を図る			⑱プロセス評価の結果プロセス能力に問題があれば、④、⑤に戻り修正する。リソース準備に問題があれば、⑥、⑦、⑧に戻り然るべき対策を講じる。実施状況に問題があれば⑨、⑩に戻り、然るべき対策を講じる。 ⑲重要な管理項目については、月次（または3カ月、6カ月）ごとに上記の管理状況を月報などの形で把握し、とくに慢性問題についての改善活動を計画的に推進する。

[10] 加藤省吾，伊藤怜史，飯塚悦功，下野僚子，水流聡子（2015），病院における日常業務のプロセス管理標準を設計するための方法論，品質，83-97.

　プロセス設計の管理は、P1：業務目的、P2：業務管理計画、D1：リソース準備、D2：プロセス実施、C：プロセス能力の評価、A：業務管理標準の改善から構成される。プロセス設計の管理とは、当該業務に対して繰り返し利用できる標準的な業務管理計画である業務管理標準を作成し、実施・改善を行っていることに関するすべての活動である。業務管理標準を初期作成した後、プロセス実施の管理を運用していく中で、製品・サービスの出来栄えや発生してくる不具合の長期的な集計・分析を通してプロセス能力を評価し、業務管理標準を改善していく。プロセス能力を評価するための質評価の側面として、生産管理分野で用いられているQCD（Quality、Cost、Delivery）に、医療業務の特徴を考慮してSafetyとEnvironmentを加えたQCDSEを用いる。

　業務管理標準をベースとして立案されるP2：業務管理計画は、D1：リソース準備を管理するための管理計画である「リソース管理計画」、D2：プロセス実施を管理するための管理計画である「プロセス管理計画」、およびこれらの計画のベースとなる、当該分野における「技術仕様」から構成される。

　プロセス実施の管理は、D2：プロセス実施部分の管理であり、p：プロセス管理計画、d：プロセス管理計画に基づく実施、c：実施状況の確認、a：プロセス条件調整・リソース調整・影響拡大防止から構成される。プロセス実施の管理とは、個別ケースの結果やプロセスの実施状況から、運用中のプロセスに問題がないかを評価して操業中に必要な改善を行い、個別ケースで発生した不具合の影響が他のケースに及ばないようにすることである。

　個別ケースのばらつき、実施者の実行能力のばらつき、実施状況の変化に対応するため、プロセスの適切な箇所で中間結果、リソース条件、プロセス条件などを確認し、必要に応じてリソース条件調整とプロセス条件調整を行う。個別ケースで不具合が発生した場合には、不具合に即時対応するとともに、影響が他のケースに及ばないように必要な処置を行う。

2　プロセス品質保証の概念

　業務プロセス管理を合理的に行うためには、プロセス管理の考え方に基づいて、良い結果が出るように保証された適切なプロセスを設計する必要がある。

　各プロセスには、当該プロセスで達成したい品質目標がある。当該プロセスで達成したい品質目標を適切に定め、品質目標達成のための適切なプロセス管理標準を設計し、運用していく必要がある。品質目標の各要素は、一般的に複数の単位工程に渡って作り込まれていくため、品質目標の各要素が工程で作り込まれていく過程を適切に設計しておくことが重要である。“プロセス全体で達成したい品質目標を、各単位工程で作り込む過程を適切に設計管理することで保証する”という考え方を、「プロセス品質保証」と呼ぶ（図5-7）。

　品質目標の各要素を作り込む際に、各工程で特に注意すべき実施上の重要な留意事項については、プロセス管理標準内で詳細に記述するべきである。また、品質目標の各要素の出来栄えを見るには、それぞれ適切な単位工程が存在すると考え、その単位工程を「評価ポイント」と呼ぶ。品質目標の各要素について、評価ポイントで管理項目と計測項目を設定し、管理を行う。管理項目とは、プロセス能力を端的に見る観察項目であり、品質目標の各要素の出来栄えを見るのに適した項目である。計測項目とは、管理項目に対して実際に計測する項目であり、反映度、測定容易性、精確性などを考慮して設定する。

3　医療における業務プロセスの管理

　医療における業務としては、診療業務をはじめ、物品管理などの支援業務や保険請求業務など、様々な業務が存在する。これらの業務のうち、支援業務や保険請求業務など、あらかじめ明確な計画を立てやすい場合にはPDCAが有用であり、プロセス品質保証の概念により、管理指標を設定して管理していくことが有用である。一方、診療においては、患者状態を適切に把握したうえで迅速な意思決定、および意思決定に基づく対応を実施していく必要があり、OODAがPDCAの根底として必要である。

　刻々と変化する患者状態を適切に把握するためには、Observe（観察）が重要であり、常

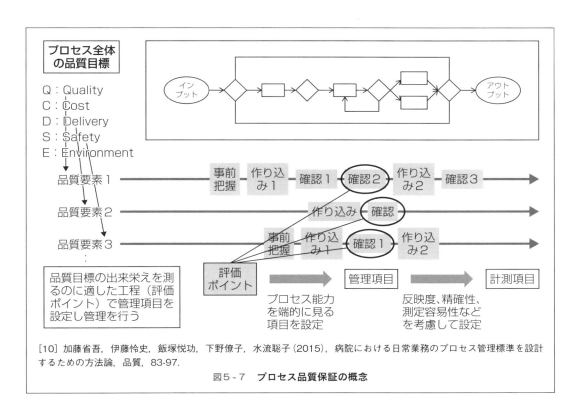

[10] 加藤省吾，伊藤怜史，飯塚悦功，下野僚子，水流聡子（2015），病院における日常業務のプロセス管理標準を設計するための方法論，品質，83-97.

図5-7　プロセス品質保証の概念

に観察と原因追及を怠らず業務にあたるためには、マインドセットのイノベーションが必要である。医療技術や疾患の流行も日々変化していくため、サービス提供者も日々自己研鑽を積み、変わり続けていくことが求められる。

12 プロセスの維持と改善① ──プロセスの維持

1 安定した生産・サービス提供のためのプロセス管理と維持

生産・サービス提供において重要なことは、安定した生産・サービス提供、すなわち生産・サービスのプロセスの管理状態の維持である。標準に従って作業・業務を実施し、目標どおりの結果が得られない場合は状況に応じて適切な処置をとることが基本である。管理状態の維持の基礎となるのは、作業標準・業務標準に定められた方法を忠実に守って作業・業務を実施し、その結果を確実にチェックし、問題あれば修正することであるが、言うは易しく行うは難しい。成否は、良い結果が得られるという技術的根拠のある標準・手順類の制定と、作業・業務を行う人に対する教育・訓練の質にかかっている。

「管理状態」とは、標準で規定した作業・業務を行い、標準で規制することで防ごうとしている外乱となるバラツキ要因が管理され、許容される要因によるバラツキだけでプロセスが変動している状態である。

標準が不完全であると、思わぬ大きなバラツキが発生する。標準どおりに実施しないと、想定していなかったバラツキが発生する。こうしたプロセス変動があるかどうかを、管理図、チェックシートなどを用いて判断する。

通常と違うということがわかったら、まず応急処置を行い影響が拡大することを防止する。さらに異常の原因を追究して、その原因を除去する対策をとる。この活動が確実に行われれば、プロセスは速やかに安定したものとなるだろう。安定した「予測可能な」プロセスを作り上げることこそが、プロセス管理のねらいである。

2 組織的管理活動ツールとしての「工程異常報告書」

プロセスの異常を検出したら、異常原因を追究し、応急処置を実施し、関連部署に連絡し、再発防止策を実施するなどの活動を、生産・サービス提供の現場の作業者、監督者、管理者がそれぞれの責任と権限において確実に実施しなければならない。このような管理活動を組織的に実施するための管理ツールとして、生産現場などでは「工程異常報告書」が使われる。そのねらいは、以下のようなものなどである。

・工程の異常発生を記録し、報告し、伝達する

・原因追究、対策についての進捗を管理する
・原因および対策の内容を記録する
・製造管理、サービス提供プロセスに関する技術を蓄積し、将来に生かす

　工程異常報告書の書式もさまざまだが、以下のようなことを記述するのが普通である。
・異常現象の記述
・生産・サービス提供の現場による原因の解析の内容、応急処置の内容・根本原因追究の
　担当部署、分析の内容
・再発防止策、対策の効果の確認
・恒久処置の内容、その実施計画、恒久処置の進捗記録

⑬ プロセスの維持と改善② ──プロセス、システムの改善

1 改善の重要性

　日常業務の管理の基本は、PDCAサイクルを回すことにより、各部門・各人の担当業務の目的を達成することにある。PDCAサイクルの中で、C（Check：確認）とA（Action：処置）は、業務の目的を達成するための修正、やり直し、応急対応などが基本になるが、同時にその原因を分析してP（Plan：計画）にフィードバックすることも行う。

　目的が不明確、不適切であればそれを直し、目的を達成するための手段、手順、プロセスに問題があれば改善する。この活動を通して、業務遂行プロセスの「レベル」が向上する。

　日常業務の管理には、ルーチンワークを実施するばかりでなく、ルーチンワークを実施する方法を改善することも含まれている。プロセスの管理において最も重要なことは、プロセスの維持であることは間違いないが、それだけでは不十分である。技術やマネジメントシステムは完全ということはなく、計画したとおりに実施すれば、満足できる製品・サービスを生み出せるプロセスを最初から構築することはできない。不満足な状況が発生したら、確実に解消することを継続することが重要である。一件ずつの改善は小さいかもしれないが、この努力を積み重ねることによって大きな進歩を遂げることができる。

2 改善の手順

　改善を行う手順は、おおよそ以下のようなものである。
　　①テーマの選定
　　②改善目標の設定
　　③組織作り
　　④実状調査
　　⑤原因解析
　　⑥対策案の検討
　　⑦対策の試行
　　⑧標準の改訂

3　全員参加による改善

　改善は関係者全員の参画で行うべきである。問題の真の姿は当事者が一番よく知っている。特に、現場第一線の人々に問題意識・改善意識をもつことの重要さを説き、問題解決の方法論と手法を習得してもらったうえで、日常の維持管理活動の中で改善を行える組織運営を行うことの意義は大きい。

　第一線の人々にも大いなる創造性が要求されることになる。言われたことだけを忠実に行うだけでなく、自主性、主体性、積極性が醸成されることだろう。結果として、自分（たち）の仕事と提供する製品・サービスの質との間の関係が理解できるようになる。職場の中での自分の仕事の位置づけを理解できるようになる。生産やサービス提供に用いる機器、設備、道具、情報システムなどの動作原理、構造、論理などがわかるようになる。そして、自分たち自身で主体性をもって問題解決を行うような組織ができあがる。

4　質マネジメントシステムの改善

　プロセスの改善を進めていくと、それらプロセスの集合体としてのQMSの改善に発展する。複数のプロセスに関係する問題、複数のプロセスに共通の基本的問題、そもそも複数のプロセスで多様な望ましくない現象が現れる遠因・誘因となっているシステムの問題などがあるからである。こうした問題に遭遇したときに、これに組織的に取り組める体制を構築しておく必要がある。たとえば、QMS全体に関わる問題を検出するためのシステム要素である、内部監査、マネジメントレビュー、組織的改善・改革を進めるための管理体制を充実させることによって、システム改善が進む。

参考文献リスト

TQM委員会編著：TQM－21世紀の総合「質」経営（日科技連出版 1998）

JIS Q 9005　質マネジメントシステム－持続可能な成長の指針

JIS Q 9006　質マネジメントシステム－自己評価の指針

JIS Q 9001　品質マネジメントシステム－要求事項

長田洋編著：TQM時代の戦略的方針管理（日科技連出版社 1996）

赤尾洋二：方針管理の実際（日本規格協会 1988）

鉄健司編：機能別管理活用の実際（日本規格協会 1989）

飯塚悦功，水流聡子：医療品質経営　患者中心医療の意義と方法論，医療経営士テキスト
　　上級（日本医療企画 2010）

飯塚悦功：現代品質管理総論（朝倉書店 2010）

飯塚悦功：医療安全対策概論～医療への質マネジメントアプローチ～，医療安全推進者養
成講座（日本医師会 2012）

加藤省吾，伊藤怜史，飯塚悦功，下野僚子，水流聡子（2015），病院における日常業務の
プロセス管理標準を設計するための方法論，品質，83-97.

チャット・リチャーズ（著）原田勉（翻訳）：OODA LOOP（ウーダループ）（東洋経済新報社
2019）

問題
1

製品・サービスのある特性についての物理的充足度と心理的充足度の関係は、製品・サービスに対するニーズの成熟度により変化する。ある特性の価値や意義が顧客に認知されていない状態を表す正しい概念はどれか、1つ選べ。

〔選択肢〕

①魅力品質

②潜在的品質

③一元品質

④無関心品質

⑤当たり前品質

解答 1　④

解説 1

ある特性の価値や意義が顧客に認知されないときは無関心品質、少し認知されると魅力品質、一般的になると一元品質、常識的になると当たり前品質、というように、製品・サービスに対するニーズの成熟度の解釈を与える。ある特性の価値や意義が顧客に認知されていない状態を表すのは、無関心品質である。

問題 2 標準化についての記述で、適切でないものはどれか、1つ選べ。

〔選択肢〕

①標準を設定し、これを活用する組織的行為である。

②統一・単純化を目的としている。

③大量生産、効率向上、原価低減、品質向上が可能となる。

④ベストプラクティスの共有のための手段である。

⑤独創性の芽を摘むものである。

解答 2

⑤

解説 2

標準化は独創性の芽を摘むという指摘があるが、これは誤解である。良い結果を生むことがわかっている方法を標準にしておくことで、改めて計画を考える必要をなくすこと（省思考）で、余ったリソースを独創的な仕事に振り向けることができる。標準化は独創性の基盤であり、独創性の芽を摘むものではない。

問題 3

管理のための方法論として、PDCAが必ずしも有効でない場合はどれか、1つ選べ。

〔選択肢〕

①検査部門における放射線検査業務

②医師を中心とする診療業務

③薬剤部における調剤業務

④会計部門における会計業務

⑤外部委託事業者による定期清掃業務

解答 3　②

解説 3

あらかじめ明確な計画を立てやすい場合にはPDCAが有用であり、プロセス品質保証の概念により、管理指標を設定して管理していくことが有用である。診療においては、患者状態を適切に把握したうえで迅速な意思決定、および意思決定に基づく対応を実施していく必要があり、OODAがPDCAの根底としてないと、PDCAを有効活用できない。

索　引

［数字・アルファベット］

5フォース、5フォース分析 ······ 37, 38
ABCD分析 ···················· 101, 102
ABM（Account Based Marketing） ···· 84
AI ····················· 55, 114, 115, 117
Digitalization ·············· 114, 115, 118
Digitization ··············· 115, 118〜120
DPC制度 ························ 78, 91
DX（デジタルトランスフォーメーション）
················· 7, 114, 115, 121, 146
HIS（Hospital Integrated System） ···115
IT化 ················· 115〜121, 124, 125
KKD ······························150
KPI（重要業績評価指標）
······ 68, 87, 88, 93, 95〜98, 100〜108
MID-NET ························123
OODA ··········· 57, 58, 148〜150, 169
PCAPS（患者状態適応型パスシステム） ··58
PDCA ····· 50〜52, 56〜58, 146〜149, 152,
154, 157, 166, 169, 173
PMDA（医薬品医療機器総合機構） ···123
PPM（プロダクト・ポートフォリオ・
マネジメント） ········ 30, 31, 33〜39
PPM分析 ·························101
QMS（質のためのマネジメントシステム）
······························· 138, 174
SOAP ···················· 54, 57, 58
VBM（Value-Based Medicine） ········63

VUCA（Volatility、Uncertainty、
Complexity、Ambiguity）
················· 3, 15, 24, 42, 49, 53

［あ］

当たり前品質 ·················· 144, 145
後工程はお客様 ················ 140, 141
アニマル・スピリット
（野生的勘に基づく事業欲） ·········32
アメーバ式管理手法 ········· 80, 82〜85
粗利 ····················· 102, 106, 108
粗利単価 ·············· 102, 103, 106, 108

［い］

意思決定プロセス ······ 143, 148, 149, 163
イノベーション ···· 132, 140, 145, 148, 170
イノベーションのディレンマ···········5
医療サービス ········ 76〜78, 95, 136〜138,
143, 163
医療情報システム ·········· 115, 117, 123
医療の質 ·········· 78, 123, 126, 137, 138

［う］

ウェルビーイング ···· 4, 6, 10, 23, 27, 109

［お］

応急処置 ······ 147, 148, 151, 152, 157, 158,
171, 172
オーダーリングシステム ··············116

オーディナリー・ケイパビリティ
　　・・・・・・・・・・・・・・ 13〜16, 24, 45, 64, 67
オリジン・・・・・ 22, 24, 26, 27, 33, 43, 65, 66

【か】

会計システム・・・・・・・・・・・・・・・ 120, 131
改善・・・・・ 2, 5, 9, 42, 64, 80〜84, 87〜89, 96,
　　100〜102, 108, 115〜120, 122, 125〜128,
　　131, 132, 141, 143, 145, 149, 151, 153, 155,
　　158, 166, 168, 171, 173, 174
階梯式管理会計・・・・・・・・・・・・・81〜83
外発的動機・・・・・・・・・・・・・ 44, 51, 53, 60
学習しない組織・・・・・・・・・・・・・ 46, 49
学習する組織・・・・・・・・・・・ 46, 47, 59, 63
カルテ情報・・・・・・・・・・・・・・・・・・123
患者中心医療
　　・・・・・・ 136, 139, 142, 144, 147, 151, 163
患者満足度・・・・・ 54, 119, 121, 126, 127, 132
管理会計・・・・・・・・・・・・・ 80〜88, 91, 108
管理項目・・・・・ 147, 156〜158, 161, 163, 164,
　　166, 169

【き】

技術仕様・・・・・・・・・・・・・・・・166〜168
業界リーダー・・・・・・・・・・・・・・・・・37
共創・・・・・・・・・・・・・・・・・・・・・138
競争優位、競争優位性
　　・・・・・・・・・・・・・ 9, 40, 58, 138, 145, 162
業務改革、業務改善・・・・・・・・・・・ 89, 131
業務フロー・・・・・・・ 83, 115, 120〜122, 127,
　　131, 149
業務プロセス管理・・・・・・・・・・・・166〜168

【く】

クリニカルパス・・・・・・・・・・・・・・・・・84
クレジットカード・・・・・・・・・・・・・・・132

【け】

経営要素管理・・・・・・・・・・・ 156, 159, 160
ケイパビリティ・・・・ 12〜16, 24, 38〜42, 45,
　　55, 57, 64, 67, 68
限界利益・・・・・・・・・・・・・・ 88, 90〜98
減収増益・・・・・・・・・ 78, 79, 93, 94, 98, 101

【こ】

貢献利益・・・・ 91, 92, 95〜97, 99〜101, 103
厚生労働省・・・・ 101, 105, 107, 116, 123, 126
工程異常報告書・・・・・・・・・・・・・ 171, 172
高度急性期病床・・・・・・・・・・・・・・・105
顧客志向・・・・・・・・・・・・・・・ 138, 141
顧客満足・・・ 10, 117, 120, 138, 139, 142, 144
国民皆保険制度・・・・・・・・・・・ 77, 78, 140
国民健康保険法・・・・・・・・・・・・・・・・77
コストセンター・・・・・ 80, 82, 83, 85, 87〜89
コストリーダーシップ・・・ 5, 31, 35〜37, 55

【さ】

サービス業・・・・・・ 115〜117, 119〜122, 126
最適解・・・・・・・・・・・・・・ 114, 121, 122
再発防止・・・・・ 145, 147, 148, 151, 152, 157,
　　158, 167, 171, 172
財務会計・・・・・・・・・・・・・・・・ 80, 90
差別化・・・・・・・・・・・・・・・ 5, 6, 36〜38, 55

［し］

自己マスタリー・・・・・・・・・・・・・・・ 47, 49

市場リーダー・・・・・・・・・・・・・・・・・36

システム化・・・・・・・・・ 9, 116, 123, 146

システム思考・・・・・・・・・・・・・ 47, 49

実施の質・・・・・・・・・・・・・・ 142, 143

質中心経営・・・・・・・・・・・・・・・・137

質のためのマネジメントシステム（QMS）

・・・・・・・・・・・・・・・・・・・138

質の根源性・・・・・・・・・・・・・・・・137

質保証・・・・・・・・・・・・・ 145, 168, 169

質マネジメント・・・・ 136, 137, 141, 143, 146, 150, 156, 162, 174

質マネジメントシステムの改善・・・・・・174

社会的責任・・・・・・・・・ 23, 24, 103, 109

社会的品質・・・・・・・・・・・・・・・・139

社会保障制度・・・・・・・・・・ 77, 79, 105

集中化戦略・・・・・・・・・・・・・・・・37

重要業績評価指標（KPI）・・・・・ 93, 95, 96

新結合・・・・・・・・ 2〜5, 7, 9, 10, 13〜15, 76

診療科・・・・・・・・ 9, 81〜88, 101, 108, 117

診療記録・・・・・・・・・・・・・・・・・123

診療報酬制度・・・・・・・・・・・・ 78, 138

［せ］

成功の罠・・・・・・・・ 5, 13〜15, 45〜47

設計品質・・・・・・・・・・・・・・・・・142

全員参加・・・・・・・・・・ 141, 153, 174

センス・・・・・ 32, 33, 58, 60〜62, 64, 65, 139

戦略マインド・・・・・・・・・・・・ 29, 33

［そ］

増収増益・・・・・・・・・・・・・・・・・79

創発、創発性、創発的・・・ 15, 38, 41, 42, 45, 46, 51, 57, 58, 64, 69

［た］

ダイナミック・ケイパビリティ

・・・・・・・・・・・ 12〜16, 24, 45, 64, 67

ダウンサイジング

・・・・・・・ 98, 99, 101, 105, 107, 108, 125

タテ組織、タテ型組織・・・ 45, 46, 50, 51, 62

［ち］

地域完結型医療・・・・・・・・・・・ 105, 107

地域ブランディング・・・・・・・・・ 103, 109

チーム対話・・・・・・・・ 47, 48, 59, 64

知識の再利用・・・・・・・・・・・・・・154

中央診療部門・・・・・・・・・・ 81, 82, 83, 87

［て］

適合品質・・・・・・・・・・・・・・・・・142

出来高換算金額・・・・・・・・・・・・・・78

デジタル化・デジタル技術

・・・・・・・・・・・・・ 5, 7, 9, 114, 115, 118

電子カルテシステム

・・・・・・・・・ 115〜117, 120, 121, 123, 124

［と］

特定機能病院・・・・・・・・・・・・・・・126

ドライバー（変数）・・・・・・・・ 9, 88, 95〜97

ドラッカー, ピーター ・・・・ 7, 8, 10, 22, 160

[な]

内発的動機・・・・・・・・・ 44, 50, 51, 53, 60, 64

内部顧客・・・・・・・・・・・・・・ 140, 141

[に]

日常管理・・・・・・・・・・・ 156, 157, 159, 160

[は]

パーパス・・・ 22〜24, 26〜30, 32〜34, 42, 43,
　　56, 67

パラダイム・・・・・・・・・・・・・ 14, 15, 24, 65

パレートの法則・・・・・・・・・・・・・・・・146

[ひ]

ビジネスモデル・・・・・・・・・・・・・・・ 9, 15

ビジョナリー・カンパニー・・・・・・・・・・43

ビジョン・・・・ 23, 24, 26〜29, 32, 33, 43, 47,
　　48, 50〜52, 54, 56, 65〜69, 77, 100, 156,
　　160

病院完結型（医療）・・・・・・・・・・・ 105, 107

標準化
　　・・・・ 84, 127, 139, 140, 146, 154, 155, 157

病床稼働率・・・・・・・・・・・・・・・ 79, 85, 95, 98

[ふ]

フォロワー・・・・・・・・ 41, 48〜54, 64, 65, 67

フォロワーシップ・・・・・・・・・・・・・・・49

部門システム・・・・・・・・・・・ 115〜117, 121

部門別原価計算方式・・・・・・・・・・・・・・80

プロセスオーナー・・・・・・・・・・・・ 140, 141

プロセス管理・・・・・ 150, 151, 160, 161, 163,
　　165〜169, 171

プロセス管理計画・・・・・・・・・・・・ 167, 168

プロセス品質保証・・・・・・・・・・・・ 168, 169

プロセスの維持・・・・・・・・・・・ 166, 171, 173

プロセスの改善・・・・・・・・・・・・・ 168, 174

プロセスフロー・・・・・・・・・・・・ 163, 165, 166

プロダクトアウト・・・・・・・・・・・・・ 138, 139

プロダクト・ポートフォリオ・
　　マネジメント（PPM）・・・・・・・・・・・・・30

プロフィットセンター・・・・・・ 80, 81, 85, 87

[へ]

変数（ドライバー）・・・・・・・・・・・・・ 96, 97

[ほ]

方針管理・・・・・・・・・・・・・・・ 156, 160〜162

ポーター, マイケル ・・・・・・・・・ 35, 37〜40

ポートフォリオ・・・ 9, 29, 30, 32〜36, 38, 42,
　　45, 55, 66〜68, 103, 108

保険証番号・保険証・・・・・・・・・・・127〜131

ポジショニング・・・・・ 38〜42, 55, 57, 58, 68

ホスピタルフィー・・・・・・・・・・・・・・・100

[ま]

マーケットイン・・・・・・・・・・・・・・・ 138, 139

[み]

未然防止・・・・・・・・・・・・ 147, 151, 152, 167

ミッション・・・・ 23, 24, 26, 27, 29, 33, 40, 43,
　　52, 54, 59, 60, 65, 68

魅力品質・・・・・・・・・・・・・・・・・・ 144, 145

[め]

メンタル・モデル・・・・・・・・・・・・・・ 47, 48

[ゆ]

ユニットプロセス・・・・・・・・・・・・・163～166

[よ]

要素・・・・2, 3, 7, 13, 38, 40, 44, 49, 51, 57, 61,
　　83, 88, 91, 96, 108, 124, 137, 143, 156, 159,
　　160, 163, 164, 166, 168, 169, 174
ヨコ組織、ヨコ型組織・・・・・ 45, 46, 50, 51

[り]

リーダー・・・・・26, 36, 37, 48～51, 53, 54, 59,
　　60, 64～68
リーダーシップ
　　・・・・・・・・・・・・ 5, 31, 35～37, 49～53, 55
リソース管理計画・・・・・・・・・・・・ 167, 168

[れ]

レセプトコンピュータ（レセコン）
　　・・・・・・・・・・・・・・・・・・・ 115～117, 119

[ろ]

ロジスティクス・・・・・・・・・・・・・・・・・52
ロジック・・・・・・・・・・・・ 30～35, 58, 60～64

編著者紹介

矢作　尚久（やはぎ・なおひさ）

（監修、編著）

慶應義塾大学大学院政策・メディア研究科、環境情報学部 准教授

1974年米国Palo Alto生まれ。1991年ベルギーに交換留学（AFS）後、2000年慶應義塾大学医学部卒業（MD）、同大学院博士課程修了（Ph.D.）、小児科専門医。東京大学医療経営人材育成講座修了（首席）の後、ハーバードビジネススクールMHDにScholarshipとして招聘され修了。2004年より横浜市立市民病院小児科、2007年より国立成育医療研究センターを経て現職。臨床の暗黙知の技術化と事業化に従事し、競争優位の戦略を実践。医療を含む起業者への共創戦略の支援、医療施設の経営、人事評価システムの提供等幅広くイノベーションと経営に従事し、実学からの教育と先端技術研究に専念。

〈専門分野〉Strategy for value-based healthcare delivery

〈著書〉競争戦略としての「医療のDX」イノベーション、研究 技術計画 Vol. 36、No. 1、2021、他

梅本　龍夫（うめもと・たつお）

（第1章・第2章）

慶應義塾大学大学院政策・メディア研究科 特任教授

1956年生まれ。慶應義塾大学経済学部卒、米国スタンフォード大学ビジネススクール卒（MBA）。日本電信電話公社（現NTT）、ベイン・アンド・カンパニー、シュローダー・ベンチャーズを経て、株式会社サザビー（現サザビーリーグ）の取締役経営企画室長に就任。スターバックスコーヒージャパンの立ち上げ総責任者として日本参入調査、合弁契約策定、ブランド戦略と組織構築を推進。独立後、経営の実践者、研究者、教育者として、企業の未来創造、経営戦略、新規事業企画、組織開発、人材育成など、幅広い支援業務に従事。

〈専門分野〉物語マトリクス理論、経営戦略、組織開発、新規事業開発、マーケティング、ブランディング、リーダーシップ＆フォロワーシップ論、サードプレイス論、ライフストーリー論、パーソナリティ類型論

〈著書〉『日本スターバックス物語──はじめて明かされる個性派集団の挑戦』（早川書房2015）、他

藤井　進（ふじい・すすむ）

（第3章・第4章）

東北大学災害科学国際研究所災害医療情報学分野 准教授

東北大学病院メディカルITセンター兼務。2008年佐賀大学医学部附属病院に入職。医療情報部副部長、診療記録センター副センター長として病院情報システムの構築と運用や病院経営における執行部サポートなどに従事。佐賀大学IR室副室長、CSIRT病院担当を兼務。2018年久留米大学医学部、慶應義塾大学大学院政策メディア研究科特任講師、2019年現職。医学博士。

＜専門分野・所属学会＞医療情報、災害医療、医療経済、病院経営。日本医療情報学会、日本医療マネジメント学会、日本診療情報管理学会など。

加藤　省吾（かとう・しょうご）

（第5章）

慶應義塾大学理工学部 訪問研究員

1979年生まれ。2003年東京大学工学部化学システム工学科卒業後、2008年同大学院博士課程修了、博士（工学）。2008年4月同大学院特任助教、特任講師を経て、2015年10月に国立成育医療研究センターに入職。小児用医薬品の処方実態、安全性、適切な用量に関する情報を収集し調査を行い、添付文書などへフィードバックする社会システムの実装事業に携わる。日本医療研究開発機構（AMED）への出向を経て、2021年4月より情報管理部情報解析室長。医療機関が扱う情報の解析、および解析環境の整備等に携わる。2019年4月より現職を兼務し、サービスにおける総合的品質管理に関する研究活動を継続し、現在に至る。

〈専門分野〉品質管理工学、システム解析工学、構造化知識工学

〈著書〉『組織で保証する医療の質 QMSアプローチ』、QMS-H研究会出版委員会、176-185、2015、他

NOTE

NOTE

NOTE

医療経営士●中級【専門講座】テキスト7

競争優位に導く業務改善とイノベーション
──患者視点に立った質中心経営と地域ブランディングの確立

2022年2月25日　初版第1刷発行

編　　　著	矢作尚久
発 行 人	林　　諄
発 行 所	株式会社 日本医療企画

〒104-0032　東京都中央区八丁堀3 -20- 5　S-GATE八丁堀
TEL 03-3553-2861（代）　http://www.jmp.co.jp
「医療経営士」専用ページ　http://www.jmp.co.jp/mm/

印 刷 所	図書印刷 株式会社

『医療経営士テキストシリーズ』全40巻

初 級・全8巻

（1）医療経営史──医療の起源から巨大病院の出現まで［第3版］
（2）日本の医療政策と地域医療システム──医療制度の基礎知識と最新動向［第4版］
（3）日本の医療関連法規──その歴史と基礎知識［第4版］
（4）病院の仕組み／各種団体、学会の成り立ち──内部構造と外部環境の基礎知識［第3版］
（5）診療科目の歴史と医療技術の進歩──医療の細分化による専門医の誕生、総合医・一般医の役割［第3版］
（6）日本の医療関連サービス──病院を取り巻く医療産業の状況［第3版］
（7）患者と医療サービス──患者視点の医療とは［第3版］
（8）医療倫理／臨床倫理──医療人としての基礎知識

中 級［一般講座］・全10巻

（1）医療経営概論──病院経営に必要な基本要素とは［第2版］
（2）経営理念・経営ビジョン／経営戦略──戦略を実行するための組織経営
（3）医療マーケティングと地域医療──患者を顧客としてとらえられるか［第2版］
（4）医療ICTシステム──ヘルスデータの戦略的活用と地域包括ケアの推進［第2版］
（5）組織管理／組織改革──改革こそが経営だ！
（6）人的資源管理──ヒトは経営の根幹［第2版］
（7）事務管理／物品管理──コスト意識を持っているか？［第2版］
（8）病院会計──財務会計と管理会計
（9）病院ファイナンス──資金調達の手法と実務
（10）医療法務／医療の安全管理──訴訟になる前に知っておくべきこと［第2版］

中 級［専門講座］・全9巻

（1）診療報酬制度と医業収益──病院機能別に考察する戦略的経営［第5版］
（2）広報／ブランディング／マーケティング──ブランディングを軸にした広報活動と価値共創、自己実現のマーケティング手法
（3）管理会計の体系的理解とその実践──原価計算の手法から原価情報の活用まで
（4）医療・介護の連携──地域包括ケアと病院経営［第5版］
（5）先駆的事例に学ぶ経営手法の新戦略──市場・非市場戦略の実践と内部資源確保に向けて
（6）多職種連携とシステム科学──異界越境のすすめ
（7）競争優位に導く業務改善とイノベーション──患者視点に立った質中心経営と地域ブランディングの確立
（8）チーム医療と現場力──強い組織と人材をつくる病院風土改革
（9）医療サービスの多様化と実践──患者は何を求めているのか［第2版］

上 級・全13巻

（1）病院経営戦略論──経営手法の多様化と戦略実行にあたって
（2）バランスト・スコアカード──その理論と実践
（3）クリニカルパス／地域医療連携──医療資源の有効活用による医療の質向上と効率化
（4）医工連携──最新動向と将来展望
（5）医療ガバナンス──医療機関のガバナンス構築を目指して
（6）医療品質経営──患者中心医療の意義と方法論
（7）医療情報セキュリティマネジメントシステム（ISMS）
（8）医療事故とクライシスマネジメント──基本概念の理解から危機的状況の打開まで
（9）DPCによる戦略的病院経営──急性期病院経営に求められるDPC活用術
（10）経営形態──その種類と選択術
（11）医療コミュニケーション──医療従事者と患者の信頼関係構築
（12）保険外診療／附帯事業──自由診療と医療関連ビジネス
（13）介護経営──介護事業成功への道しるべ

※タイトル等は一部予告なく変更する可能性がございます。